ZHOU GUO LU XIANG QIAO JIAN JIANG NAN

舟過鱸鄉 橋見江南

吴江古桥探幽

周春华 陈志强 ◎ 著

经济日报出版社

图书在版编目（CIP）数据

舟过鲈乡 桥见江南 : 吴江古桥探幽 / 周春华，陈志强著. -- 北京 : 经济日报出版社，2022.12
ISBN 978-7-5196-1237-5

Ⅰ. ①舟… Ⅱ. ①周… ②陈… Ⅲ. ①古建筑－桥－介绍－吴江 Ⅳ. ①K928.78

中国版本图书馆 CIP 数据核字（2022）第 237485 号

舟过鲈乡 桥见江南——吴江古桥探幽

作　　者	周春华　陈志强
责任编辑	宫婷婷
责任校对	孙鹤窈
出版发行	经济日报出版社
地　　址	北京市西城区白纸坊东街 2 号 A 座综合楼 710(邮政编码：100054)
电　　话	010 - 63567684(总编室)
	010 - 63584556(财经编辑部)
	010 - 63567687(企业与企业家史编辑部)
	010 - 63567683(经济与管理学术编辑部)
	010 - 63538621 63567692(发行部)
网　　址	www. edpbook. com. cn
E—mail	edpbook@ 126. com
经　　销	全国新华书店
印　　刷	北京文昌阁彩色印刷有限责任公司
开　　本	710× 1000 mm 1/16
印　　张	13.75
字　　数	246 千字
版　　次	2022 年 12 月第 1 版
印　　次	2022 年 12 月第 1 次印刷
书　　号	ISBN 978-7-5196-1237-5
定　　价	55.00 元

舟過鱸鄉 橋見江南

序

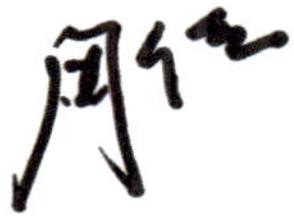

吴江，是水的国度，也是桥的世界。清乾隆时有“桥梁数千”之说。至今在一泓泓碧水上，尚浮卧着200余座拱形、梁式古石桥。这些古桥或飞越于河港，横跨于街面；或盘旋于要津，点缀于园林，沉淀出吴江历史文化的悠远印记。

吴江的古桥紧联着经济、文化和百姓生活。盛泽镇西北的白龙桥，所跨河面开阔，桥形恢宏多姿，现存之桥为清代末年盛泽丝绸业人士所造。许多年来，一船又一船的华绸锦缎正是通过此桥驶向四面八方。同里镇区东北的普安桥，俗称小东溪桥，也名读书桥，在生动记录古镇同里千百年来盛行读书之风的同时，也记录下了从这里走出的无数贤人志士。同在同里的太平、吉利、长庆这三座小石桥则散发着浓郁的民俗风情。以前，凡居民嫁娶，必在鼓乐声中抬着花轿过此三桥。如今，游人在这里还常会碰到一队队送亲迎亲的人群。当地老年人过生日时，也要在吃过寿面后来走这三桥，以期晚年“太平”“吉利”“长庆”的美好寓意。

吴江的古桥向人们展现着一幅幅旖旎隽丽的风景图画。在一个个古镇上，一座座小石桥横卧在纵横交错的碧水河上，紧紧地把镇上人家连在一起。细看这些桥，有青条石砌的，有花岗岩垒的；有露于清波之上的，有藏于绿树丛中的；有桥连着桥的，有桥中有桥的……真是千姿百态，美不胜收。透过桥洞而望，只见洞外有天，水天相映，好一派诗意盎然、怡情悦性的江南水乡风光。

吴江的古桥活跃着楹联这一古老文学艺术形式的身影。不论是“禹迹”“思范”

这些古老的桥，还是“定海”“大陵”这些改革开放后修缮的桥；不论是“泰来”“双塔”这些被影视、书刊青睐的桥，还是那些名不见经传的小桥，桥身两侧镌刻着的一副副楹联凝聚着当地人士许多的心血和智慧，记载着吴江悠久厚重的历史，其存在为吴江的古石桥增添了丰富的内涵。

吴江的古桥展露着精美的雕刻艺术。有的桥上镌着“暗八仙”“石敢当”“吸水兽”，有的桥上雕着“二龙抢珠”“五蝠捧寿”“鲤鱼跳龙门”，有的桥上刻着“笔（必）锭（定）如意”“瓶（平）笙（升）三戟（级）”“獾（欢）天喜（鹊）地”……一幅幅作品都是精雕细刻，栩栩如生，让观者赏心悦目，流连忘返。

吴江的古桥还在园林里点缀着迷人的景色。或曲桥平卧，尽显朴实轻盈之态；或石拱如环，在花树映衬下，将碧玉似的倒影落在清波里；或廊桥回复，接轩越波，将阵阵清风、片片春意奉献给游人……更有一代名园——退思园里的“天桥”，如横空出世的飞龙，越过假山之巅，将两边的建筑连成一体，堪称“江南旱桥一绝”。

吴江的古桥还流传着一个个优美感人的传说故事，让一座座古桥有了强大的生命力……吴江的古桥，积淀了深厚的历史内涵，荟萃了众多的桥梁艺术，构筑了浓郁的水乡风情，让人叹为观止。

苏州市吴江区文物保护管理所和吴江的文物工作者们基于传承弘扬吴江悠久的、璀璨的古桥文化，撰著了这本名为《舟过鲈乡 桥见江南——吴江古桥探幽》的书籍。开卷展阅，其内容带有一些专业性的知识，但更多的是普通读者喜闻乐见的古桥传说和史实，让读者在阅读之中感受到吴江悠远的历史文脉，感受吴江这一方江南水乡热土上所散发出的迷人魅力！

是为序。

（作者系同济大学建筑与城市规划学院教授）

目录

CONTENTS

序／周俭………………………………………………… 1

吴江古桥概述…………………………………………… 002

历史篇

吴江古桥上的范蠡身影……………………………… 010
吴江古桥上的张翰身影……………………………… 014
顾野王三里桥畔著《玉篇》………………………… 017
吴江古桥上的张志和身影…………………………… 020
颜真卿平望桥下留诗篇遗轶闻……………………… 023
吴江古桥上的陆龟蒙身影…………………………… 025
北宋名人与垂虹桥…………………………………… 027
南宋词人与垂虹桥…………………………………… 047
天到桥与驸马府……………………………………… 064
吴江的宋代桥梁……………………………………… 066
以年号为名的桥……………………………………… 069

叶茵与桥……………………………………………… 071
“吴中四才子”与垂虹桥………………………………… 073
吴江的明代桥梁………………………………………… 081
吴江县学遗址上的泮池石桥…………………………… 084
通安桥上的对联石……………………………………… 086
苏嘉铁路遗址上的桥墩与桥…………………………… 087

地理篇

吴江以桥命名的地名…………………………………… 092
栅桥村 ………………………………………………… 092
三里桥村 ……………………………………………… 094
桥港里 ………………………………………………… 096
龙桥村 ………………………………………………… 096
双塔桥村 ……………………………………………… 098
东庙桥村 ……………………………………………… 099
花木桥村 ……………………………………………… 100
九里桥村 ……………………………………………… 101
迎春村 ………………………………………………… 103
开阳村 ………………………………………………… 104
富乡村 ………………………………………………… 105
桥北社区 ……………………………………………… 105
桥南村 ………………………………………………… 107

砥定社区 ………………………………………… 108
仓桥头 …………………………………………… 108
白龙桥村 ………………………………………… 109
众安桥村 ………………………………………… 110
乌桥村 …………………………………………… 111
运河上现存的吴江古桥………………………… 112
桃源古桥与桃源地名的由来…………………… 122
儒林塘桥桥名的由来…………………………… 124
吴江的“桥庙相映”景观……………………… 126

艺术篇

长着眼睛的桥…………………………………… 132
刻有莲花的吴江古桥…………………………… 136
刻有狮子的吴江古桥…………………………… 138
吴江古桥上的吉祥图案………………………… 141
吴江古桥上的蚕桑丝绸对联…………………… 146
退思园里的桥…………………………………… 152
垂虹桥之联……………………………………… 154
吴江的嵌字桥联………………………………… 157
同里有座“读书桥” ………………………… 160
运河虹彩萦诗韵………………………………… 162
吴江恢复新修桥梁对联撷萃…………………… 170

传说篇

安德桥的传说…………………………………… 180
同里三桥的传说………………………………… 182
泰来桥和中元桥的传说………………………… 185
长桥美人………………………………………… 187
吴江长桥郑氏媪………………………………… 189
饮马桥的传说…………………………………… 190
浮玉洲桥桥名的由来…………………………… 192

研究篇

垂虹桥的历史及其价值………………………… 194

附录：苏州市吴江区桥梁类文物单位统计……… 200

后　记…………………………………………… 206

吴江古桥概述

吴江古桥概述

水乡吴江河港交织，湖荡密布，“水多桥也多”。清乾隆年间，吴江各地有“桥梁数千”，至今在一泓泓碧水上，尚浮卧着200余座拱形、梁式古石桥，或飞越于河港，横跨于街面；或盘旋于要津，点缀于园林。其中为全国重点文物保护单位的桥有3座，为东庙桥、思本桥和垂虹断桥；为全国重点文物保护单位、大运河文物遗存的桥有3座，为三里桥、安民桥和安德桥；为江苏省文物保护单位的桥有4座，为香花桥、洪恩桥、广福桥和中和桥；为苏州市文物保护单位的桥有30处，计45座；为苏州市控制保护建筑的有96处，计97座，未定级的不可移动文物有57处。

◎香花桥

吴江古桥积淀了深厚的文化内涵，构筑了浓郁的水乡风情，同时，也向世人展示着许多特色。

材质多样，凸显着各个时代的特征

在宋、元时，吴江各地一般都用武康石来砌筑桥梁。武康石也叫紫石，石面布有细小的蜂窝眼，颜色深赤，原产于浙江武康（已于1958年并入德清县），故名。像现存的三座南宋桥梁——七都东庙桥、同里思本桥和震泽香花桥都用武康石砌筑，观看其材质与查看地方志书所载修建年代的结果是相吻合的。明代时，江南水乡各地一般都用青石来砌筑桥梁。像八坼街道的朴泽桥、七都镇的洪恩桥均由青石构筑，桥身青白如洗，像是一件晶莹剔透的玉器。观看其材质与查看桥上所刻修建年代的结果也是相吻合的。进入清代后，吴江各地一般都用花岗石来砌筑桥梁，这种材质的石桥的数量在现存古桥中为最多。

◎东庙桥

兼用武康石、青石和花岗石来砌筑的桥梁在吴江各地也存有不少。如素有“江南第一长桥”之称的松陵垂虹桥，虽于1967年5月大部分塌毁，但至今仍存东西两端遗迹计20余孔，其西端遗迹的拱券是武康石，桥面石是花岗石，东端遗迹则大多是青石。又如同里富观桥，既留有元代初建时的武康石和明代整修时的青石，又有清代重建时的花岗石。

充盈浪漫，流传着许多优美动人的传说

吴江古桥充盈着浪漫的色彩。无论是拱形的禹迹桥、思范桥、安德桥，还是梁式的泰来桥、中元桥、博士桥等，都流传着一个个优美动人的传说，那些传说不少是由桥名而来的。如震泽思范桥桥名中的“范”指的是春秋越国大夫范蠡，他在助越王勾践灭吴国后，深悟其“为人长颈鸟喙，鹰视狼步，可与共患难而不可共处乐，可与履危，不可与安”，后悄然乘扁舟，出三江，入五湖，云游四方。传说当年范蠡偕西施同乘一船观赏太湖渺茫空蒙的湖光山色后，途经现震泽镇区之南的斩龙潭（相传大禹治水时曾斩黑龙于此，故名），只见这里水波不兴，澄明如镜，正合他俩隐居的心境，于是就在潭边筑宅而居。范蠡还延请工匠在潭前砌造一高台，每逢晴明之日就与西施一起拾级而上，放线垂钓，故这里被称为“范蠡钓台”，为“震泽八景”之一，斩龙潭也被改称为“蠡泽湖”。当然，震泽还是没把范蠡长留住，之后，他漫游齐国，称鸱夷子皮，到陶（今山东定陶西北），改名陶朱公，以经商致富。范蠡走后，蠡泽湖畔的百姓为纪念他，就在其故宅上建起了“范蠡祠”，在其出蠡泽去五湖泛舟所经之处建造了一座“思范

◎思范桥

桥”，以表达怀念之情。又如平望安德桥，流传着两个传说，一个传说中的“安德”是个巡按，另一个传说中的“安德”是个渡工，均为当地百姓造桥做了好事，其由来均是桥名。

◎饮马桥

有一些传说来自桥的别称。如同里的饮马桥别称“豆腐桥”，何以有这桥名，在当地流传着一则传说。在明朝洪武年间，有一个陆姓的富商捐出银两，请来工匠在这里造桥，桥快竣工时，最后那块桥面石怎么铺也铺不平，后来造桥师傅听了一位衣衫褴褛的老人之言，买了块豆腐放在桥面石下面后，最后那块桥面石居然四平八稳地铺好了。于是，镇上人就把这座桥叫作“豆腐桥”。

◎富观桥

也有不少传说来自桥的构件。如同里富观桥的拱券上刻着一幅“鲤鱼跳龙门”的图案。该图案构图十分简洁，但鲤鱼的形象与众不同，为龙首鱼尾。传说在很早以前的一个三月的桃花汛期里，这条鲤鱼在即将跳过龙门之时，忽然看见河岸边走来一位娇艳的女子，不由得动了凡心而走了神，结果前功尽弃，变成了似鱼非鱼、似龙非龙的模样。当地的人们深为这条鲤鱼惋惜，惋惜之余，就把它的模样雕刻在了富观桥上。

多姿多彩，紧连着当地的经济、文化和百姓生活

水乡吴江的一座座古桥紧连着当地的经济、文化和百姓生活。绸都盛泽镇区西北的白龙桥，所跨河面开阔，桥形恢宏多姿，为清末盛泽镇丝绸业人士所造，桥上镌刻着这么一副对联：“风送万机声，莫道众擎犹易举；晴翻千尺浪，好从饮水更思源”。“风送万机声”，是盛泽纺织业生产规模的真实写照。据史载，盛泽的丝绸生产，在明代嘉靖年间便有“日出万绸，衣被天下”之称。至清光绪六年（1880），全镇织机有 8000 台之多，成为国内生产丝绸最多的地方。下联中的“晴翻千尺浪”，则以比拟手法，描绘了一幅绸缎练染业的兴盛图景。据载，明清以来，盛泽出产的

丝绸除少量以生坯直接运往外地外，大多练染为绸，练坊、染坊最多时达上百家。这些作坊常在空旷的地上竖起竹竿，将染整的绸缎晾晒于上，清风吹来，那十余丈长的绸缎翻舞起伏，掀起了层层彩浪。许多年来，一船又一船的华绸锦缎正是通过此桥驶向各地。

◎白龙桥

同里的普安桥也名读书桥，其别称源于桥上的那一副对联：“一泓月色含规影；两岸书声接榜歌”。上联所创造的意境，名为“东溪望月”，是同里古景之一。下联中的“榜”除指船橹外，另有其意。古时，科举取士及选官的次第曰“榜”，因此，普安桥对联在生动记录古镇同里读书风气历来浓厚的同时，也记录了同里以前科举发达的盛况，记录了从这里走出了无数名人志士。据史载，同里自北宋至清末，先后出过特奏状元 1 名，进士 42 名，文、武举人 90 余名。到了近现代，更是贤达迭现，雅士云集，当地人将其杰出的代表归纳为“杨柳松柏”。“杨”指著名社会学家费孝通的舅父、书法家杨天骥，“柳”指近代著名诗人柳亚子（曾于 20 世纪初在同里就学），“松”指国学大师金松岑，“柏”指辛亥革命风云人物陈去病（陈去病字伯儒）。

◎白龙桥对联

同在同里的太平、吉利、长庆这三座小石桥则散发着浓郁的民俗风情。这三桥是当地人心目中的吉祥之物，以前凡居民嫁娶，必在鼓乐声中抬着花轿过此三桥。如今，游人在这里，还常会碰到一队队送亲的人群，这些人群不仅限于本镇，周围乡镇的青年人喜结良缘，也纷纷驱车来这里走三桥。当地老年人过 66 岁生日，也要在吃过寿面后，来走这三桥，以图吉利长寿。

吴江一些古镇至今保存着走桥的习俗，尤其是在正月十五晚上迎灯闹元宵的同时，男女老少总要成群结伴地到镇上的石桥上去走一走。走桥颇有讲究，必须至少走三座桥，当然走得越多越好，同时，忌走回头桥，因此从哪座桥起，到哪座桥结束返回，走前先要盘算好。据说，这样走桥，可以保佑走桥者在新的一年里身体健康，百病免除。

栩栩如生，展露着精美的雕刻艺术

◎道南桥“二龙戏珠”雕刻

吴江古桥无论是在桥顶、石梁上，还是在排柱、拱券上，都布满雕刻，展露着精美的艺术。黎里道南桥的拱券上镌着“二龙戏珠”，桥面石则刻着“五蝠捧寿”。七都东庙桥历史悠久，雕刻艺术也颇为精湛，桥次孔石梁边端分别刻有形状各异的如意云，寓意吉祥，反映了当时人们对美好生活的企盼。芦墟观音桥、七都双塔桥等古桥的桥顶上立有四柱，每根柱子上都雕有一头狮子，神态各异，惟妙惟肖。四头狮子，左右对称，组成两对狮子，每对居左的是雄狮，右前足踏一个鞠，俗称“狮子滚绣球”，象征着权力；每对居右的是雌狮，左前足踏着一头小狮子，俗称“太师少师”，象征着子嗣昌盛。

吴江不少古桥上有着莲花雕刻。莲花是“八吉祥”之一，所谓“八吉祥”是指佛教传说中的八种宝物，即法螺、法轮、宝伞、宝瓶、白盖、双鱼、盘长（中国结）与莲花。在古印度，因莲花的花瓣与女阴外形相似，故莲花象征为女性生殖器。因此，莲花雕刻除了佛教意义外，还表达了古人祈求生殖繁盛的愿望。这莲花图案有刻在“桥耳朵”（系石）端面的，常见形状是向外开放的莲瓣中再刻一莲蓬；有刻在望柱头上的，有仰莲和覆莲之分；也有刻在排柱或拱券石上。

◎双塔桥望柱石狮

像芦墟登云桥等古桥的桥面石上刻着“八宝纹”图案。所谓“八宝纹”，系指双胜、金锭、火珠、万卷书、犀角、双犀角、珊瑚枝、如意云这八种吉祥纹饰。集这“八宝”于一座桥上在吴江目前尚未发现，但取几种作为装饰，还是能看到一些。芦墟登云桥的桥面石雕饰，一侧刻的是“笔锭”（金锭之中插上一支笔）和“如意”，寓意“必定如意”，另一侧刻的是锐利无比的“犀角”和“双胜”，这两种纹饰连

◎洪恩桥系石雕刻

在一起，寓意“连续不断取得胜利”。这四种纹饰的中间则刻着佛教“轮回”图案。有些桥的桥面石上除了这些图案，还刻着“瓶（平）升三戟（级）”。

不少桥的构件上刻着“吸水兽”，其种类、模样各异。七都洪恩桥上的“吸水兽”颇为怪异，其模样为：宽鼻、突眼、阔嘴，额旁生角，腮边有爪，面目甚是狰狞可畏。这种怪物叫“蚣夏”。明代杨慎《升庵外集》卷九五中云：“俗传龙生九子，不成龙，各有所好……六曰‘蚣夏’，性好水，故立于桥柱……”七都洪恩桥上雕刻“蚣夏”，让其俯首向下，正视河心，寓意着欲使流水恬静安宁，不让河中妖孽兴风作浪，表达了当时人们辟邪禳灾、安居乐业的愿望。细看这雕刻，上部阴刻眼圈，两侧刻着双耳，阔嘴以弧线勾画，弧线下以小三角表示牙齿，额上刻曲线须毛，腮边则刻有两爪，颇为精致。

同里乌金桥的桥面石上则刻着一幅颇为特殊的图案。该图案的雕刻粗犷有力，画面栩栩如生，左上角刻着一只喜鹊，下视着地面，图的下半部刻着一只獾，回首仰视着天空和喜鹊。这图案为“獾（欢）天喜地”。民俗中，獾谐音“欢”，喜鹊象征“喜”，图案中獾抬头朝天，喜鹊俯首朝地，合意为“欢天喜地”。

“三步两桥”，向人们展现着水乡特有的景观

◎八坼两港四桥

水乡吴江每每在两河交汇处形成走三步跨两桥的景象。七都的双塔桥由前后一座拱桥与一座平桥组成一个“一字长蛇阵”。横扇博士桥由两座桥组成，犹似汉字的一撇与一捺组成一个“八”字形。同里三桥分跨两河三街，彼此环顾，相映成趣，以“桥中有桥，桥边有桥，下了这桥，又上那桥”构筑了独特的空间。

八坼古镇区流淌着北港和南港这两条

小河，在南北、东西百多米的距离内，两河之上躺卧着四座梁式石桥。位于北港上的是永宁桥和万安桥，位于南港上的是联源桥和合浦桥。这四桥体量硕大，造型美观，当地人说八坼古镇区犹似一龟形，周围水绕，西边的城隍庙为龟首，这四座古桥即是龟的四只脚，若是从空中俯瞰，神态毕现。

◎禹迹桥与慈云寺塔

在吴江各地还可看到“桥庙相映”这一水乡特有的景观。位于平望溪港古村落的东林桥，其东堍是重建于清同治年间的刘猛将军庙；位于横扇庙前自然村的邑宁桥，其北堍是重建于清末的施相公庙；位于震泽镇东首的禹迹桥，其北堍是千年古寺——慈云禅寺；位于平望镇大运河与荻塘相交处的安德桥，其南堍是小九华寺……佛光虹影，黄墙绿波，交相辉映，晨钟暮鼓，橹声渔歌，时分时合，古桥与古寺庙一起组合成了一幅“桥庙相映”的秀丽图景。

历史篇

吴江古桥上的范蠡身影

以前，苏州吴江垂虹桥畔有一座“三高祠”，祭祀三位高士，即吴越春秋时越国大夫范蠡、西晋文学家张翰和唐代诗人陆龟蒙。清末，此祠迁至西门外，消失于20世纪50年代。其中范蠡离我们最为久远，距今已近2500年，但放眼吴江各地，与他有关的胜迹仍存有多处，几座古桥上遗留着他的身影。

◎范蠡像

平望镇区西北约7公里处，有一个古村落，名曰溪港，现为中国传统村落和苏州市历史文化名村。以前，这里是进入太湖的必经要道之一。村中流淌着一条小溪，溪水清澈，绿如碧玉，贴着民居，驮着小桥，舔着水田，逶迤向前，这溪的名字叫韭溪。为何得此名，有着一段轶事。相传春秋吴越相争时，吴王夫差率军攻入越都、俘获越王勾践后，居功自傲起来。越国施用美人计，献上西施，让吴王沉溺于酒色。越王勾践被放回后，不忘前耻，卧薪尝胆，暗地里做着灭吴的准备。他派大夫范蠡遣军潜伏于濒临东太湖的一条小溪两侧，厉兵秣马，伺机进攻吴国。一天，屯驻在小溪两侧的越国兵士正在吃中饭，午餐是米饭加韭菜，大家吃得津津有味之际，上面传下进兵的命令，“军令如山倒”，

◎三高祠与鲈乡亭旧影

越兵们迅速将饭菜倒入小溪，整装出发。顿时，小溪水面上到处飘浮着韭菜叶，原本清澈如玉的溪水显得越发碧绿了。越兵攻入馆娃宫、夫差自刎后，勾践当上了“霸主”，那条曾经驻屯范蠡所率越军的无名小溪也得了“韭溪”这个名字，传了下来。

◎溪港古村落

如今，在韭溪上尚躺卧着两座古石桥，其中南边的那一座叫东林桥，与桥东堍的刘猛将军庙同为苏州市文物保护单位，拱形单孔，初建无考，现存之桥为清嘉庆三年（1798）重修。桥南北两向都镌着对联，南向为：“浩渺波光涵笠泽；参差帆影接莺湖”。联中的莺湖即是平望的莺脰湖，据明代浙江《吴兴掌故集》记载，该湖为当年范蠡所游五湖之一。

北边的那座名大庆桥，俗称溪桥、韭溪桥，为苏州市控制保护建筑，建于明永乐十七年（1419），清乾隆元年（1736）、同治八年（1869）先后重修，现存之桥为民国十一年（1922）由丝商捐资重建。这里的风景很是优美，以前“溪桥晚眺”是“韭溪八景”之一。这座桥上也有对联，是为：“水通笠泽波光远；地接枫江秀气多”。这副联下联中的“枫江”为吴江的别称，以前吴淞江两岸多植枫树，唐代诗人崔信明有句云：“枫落吴江冷。”

在震泽镇区古荻塘西段上矗立着名曰思范桥的古桥，现为苏州市文物保护单位，桥名中的“范”指的即是范蠡。越国为吴国所败时，范蠡曾赴吴国为质两年，越灭吴后，他深悟勾践“可与共患难而不可共处乐，可与履危不可与安”，于是，悄然乘扁舟，

◎东林桥与刘猛将军庙旧影

◎溪港大庆桥

◎思范桥

出三江，入五湖，云游四方。传说当年范蠡偕西施同乘一船观赏太湖渺茫空蒙的湖光山色后，途经现震泽镇区之南的斩龙潭（相传大禹治水时曾斩黑龙于此，故名），只见这里水波不兴，澄明如镜，正合他俩隐居的心境，于是就在潭边筑宅而居。范蠡还延请工匠在潭前砌造一高台，每逢晴明之日就与西施一起拾级而上，放线垂钓，故这里被称为“范蠡钓台”，为“震泽八景”之一，斩龙潭也被改称为“蠡泽湖”。当然，震泽还是没把范蠡长留住，之后，他漫游齐国，到陶（今山东定陶西北），改名陶朱公，以经商致富。范蠡走后，蠡泽湖畔的百姓为纪念他，就在其故宅上建起了“范蠡祠”，在其出蠡泽去五湖泛舟必经之处建造了一座“思范桥”，以表达怀念之情。

思范桥东西两向均镌有对联，其中东向对联也与范蠡有关，为：“禹迹媲宏模，望里东西双月影；蠡村怀古宅，泛来南北五湖船”。下联中的“蠡”即指范蠡。

桃源镇青云社区西侧有一个古村落，名叫陶墩。如今，走进陶墩，只见港水清澈见底，港岸上弯弯窄窄的街道与玉带似的跨街楼贴着斑驳的驳岸连绵逶迤着，少妇们在河埠上捣衣洗菜，老人们在石凳上谈笑风生，弄堂深处，粉墙黛瓦的老屋里，不少人在专心致志地制作着木梳。陶墩村名的由来，当地流传着两个传说，其中一个即与范蠡有关。说是吴越春秋时，范蠡助越王灭吴国后，偕西施驾舟浪迹五湖。他俩在南太湖边的一个小村庄上住了下来。小村中有一水，水中有墩，他俩在水旁墩上遍植桃树，并向村民传授栽桑、看蚕、养鱼之术。几年后，范蠡与西施离开这里又往别处去了。村里人很是想念他们，后来，闻知范蠡在齐国经商致富，改名陶朱公，于是就将村子唤作“陶墩”。

◎陶墩

陶墩古村东西两端有两座小桥躺卧着，将倒影投映在如镜的碧波上。西侧的那座为一古石桥，名叫安富桥，为苏州市控制保护建筑，初建无考，现存之桥

◎陶墩安富桥

◎云龙桥

为清光绪二十五年（1899）重建。虽已历百余年，但桥上镌刻的对联颇为清晰，是为："笠泽东来，诸家迪吉；苕溪西接，万户咸宁"和"困易农庄，丰衣足食；假作工商，利益盈增"。从联中可看出那时陶墩的一些工商业境况。东侧的那座叫尊荣桥，也为梁式三孔，初建无考，清光绪二十六年（1900）重建，此桥虽已于20世纪90年代初改建，但通过查阅资料，原镌刻在桥上的对联仍历历在目，一副为："道安清静，四方恭行晋祝；尊荣高矗，数处俱赖平安"；另一副为："物景雅秀，其间田肥地沃；陶泽清澄，于斯波恬浪静"。联语重现了桃溪水明风软的美景。

桃源镇还有座桥，名曰云龙，与范蠡也有关联。此桥位于仙南村，初建无考，现存之桥为民国二十二年（1933）重建，现为苏州市控制保护建筑。该桥为南北走向，梁式三孔，东西两向均镌有对联，东向为："清风明月垂张钓；红树青山泛范舟"。上联说的是唐代诗人张志和垂钓之事，下联说的即是范蠡帮助其主勾践灭吴复国后乘舟隐居之事。

吴江古桥上的张翰身影

吴江三高祠里祭祀的唯一吴江本地人是西晋文学家张翰。张翰因作《秋风歌》（亦名《思吴江歌》）产生“莼鲈之思”典故而名闻四海，逝后葬于吴江莘塔。清康熙《吴江县志》云：“晋东曹掾张翰墓在二十九都南役圩。”清初长洲学者张大纯实地调查后，在《三吴采风类记》中也明确记载张翰墓在二十九都二图南役圩，并作《过季鹰墓感赋》诗：“弭节江干日已晡，季鹰高节冠东吴。宦情落落空千载，墓草青青傍五湖。杯酒生前轻将相，秋风身后重莼鲈。只今势利滔滔是，过此还应愧汗无？”这二十九都二图南役圩，即在今汾湖高新产业技术开发区东联村。

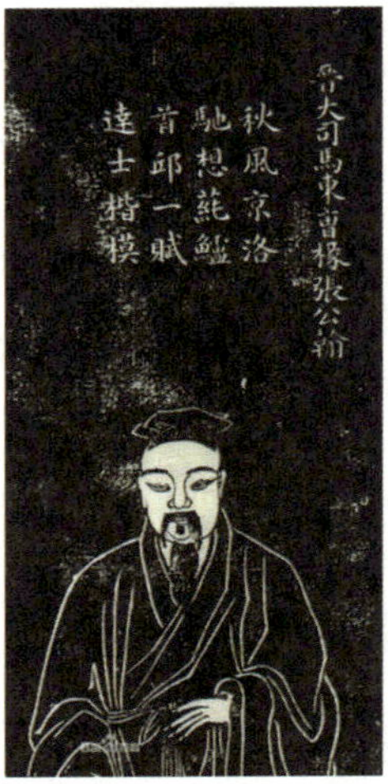

◎张翰像

1958 年 11 月，吴江县文教局派员查明，张翰墓在莘塔公社东联大队南役圩南端，占地 50 平方米，封土高 1.5 米，墓西约 40 米处的敬信庵曾供奉张翰的神位。墓碑和墓神位已于 1957 年冬和 1958 年春毁。当时建立三人保管小组，插牌明示。2000 年秋调查得知，张翰墓已于 20 世纪 60 年代中期被毁，遗址在莘塔枫西与荡东两村（即原东联大队）之间的东枫小学内，前排平房教室西半部即墓址所在。敬信庵原址上已改建成村办公场地和小工厂。张氏后代仍在东弥陀村，有东张、西张两支系。枫里桥、南役圩、

◎张翰墓旧影

莼鲈港（又名二图港）等都是当地地名。在明清两代，这些地名均属二十九都二图。当地方言“二”念成“尼”，“二图港”转音成了“弥陀港”。此地在元荡东北滩，志书上说元荡亦名鼋荡、莼菜荡，自古至今属分湖——芦墟地界。

◎东联村庄晓亭

现张翰墓已无踪迹，但近年在东联村建造了张翰纪念馆，来此拜谒参观，可体味到些许昔日的莼鲈风味。到了东联村，还可到距张翰墓原址颇近的许庄自然村去看一下，那里在前些年建造了一座名为“庄晓”的亭子，上镌一副对联与张翰有关，是为：“秋风歌起忆张翰；春景画生吟许庄”。

放眼吴江其他地方，也可浏览到一些与张翰有关的胜迹。垂虹桥南是盛家库古街区，街区东侧有一水，名吴家港，港上有座古桥，名红桥，亦名虹桥，现为苏州市控制保护建筑。该桥东西走向，梁式三孔，长 23 米，

◎张翰纪念馆

◎张翰纪念馆内景

◎红桥

宽 2 米，高 3.5 米，现存之桥为民国十九年（1930）重建。桥身上镌有对联：“春日几家还放鸭；秋风何处不思莼”。下联即描述张翰之事。张翰在“八王之乱”前夕感受到官场的复杂和黑暗，作了《秋风歌》，思念家乡的莼羹、鲈鱼和菰菜，以辞官归乡。由此，“莼鲈之思”的典故流传至今。

吴江城区南郊大运河西岸有九里石塘，唐元和五年（810）开始修筑，宋庆历八年（1048）增石修治，元至正六年至七年（1346—1347）复以巨石修筑，故又名为“至正石塘”，现名运河古纤道，2014 年 6 月，由联合国教科文组织公布为世界遗产点。在这九里石塘上，自北向南原有三江桥、安邑桥、观澜桥、惠政桥、仙槎桥、庙泾桥、万顷桥、定海桥（北七星桥）、三山桥、甘泉桥（南七星桥）、通津桥、龚家桥、彻浦桥 13 座桥梁，现尚存北七星桥、三山桥、南七星桥等。

北七星桥原为平桥，因年久失修，1995 年，吴江市政府组织有关部门，依照盛泽白龙桥将之改建为一座宏伟多姿的三孔石拱桥，还在桥的东西两侧镌刻了四副对联，其中东向的一副与张翰有关，为：“碧浪跃白鲈，直令季鹰辞主返；金风送斜日，但教尧佐系舟留”。上联即用了张翰思鲈弃官归乡的典故。

◎定海桥（北七星桥）

顾野王三里桥畔著《玉篇》

明弘治《吴江志》卷首图像中有一幅图为《顾侍郎著〈玉篇〉》，这顾侍郎指的是顾野王。

顾野王（519—581），字希冯，吴郡（今江苏苏州）人，幼年即好学，12 岁随父到建安（今福建建瓯），便撰《建安地记》两篇，以后，学识涉及经史、天文、地理、占卜、训诂、书画等，无所不精，特别在文字训诂上成就颇高，曾搜罗和考证古今文字的形体和训诂，著有我国第一部楷书字典《玉篇》三十卷，他初仕梁，陈时官至黄门侍郎光禄卿。

据明弘治《吴江志》、清乾隆《吴江县志》、光绪《吴江县续志》等方志记载，顾公庙所在的顾墟在三里桥东，为吴江北门外一都之地，原为顾野王之旧宅，相传为其著《玉篇》之处，宅内有一轩，名“听江轩”（这“江”指的是古吴淞江，从太湖而来，往东流去，最后入海），后立庙于此（俗传此地在吴淞江滨，常有潮患漂没田庐，顾公野王喝之，遂止，当地百姓称顾公野王为“喝潮大王”）。

顾公庙初建无考，宋建中靖国元年

◎明弘治《吴江志》载《顾侍郎著 < 玉篇 > 图》

◎明弘治《吴江志》载顾公祠图（局部）

（1101）秋九月，吴江知县石处道因事来至顾墟，见一古祠甚为简陋，遂问随行之人，答曰为顾公庙。石知县进祠拜谒，见只将顾公之像“绘形于板”，且“衣冠不正”，于是，“撤除腐弊，改作基构，立其像，设榜以位号，春秋祀之”，并自作改建之记。明宣德二年（1427），知县贾忠重建。成化八年（1472），知县王迪修。崇祯七年（1634），知县章日炌重修。清顺治十八年（1661），重绘神像。康熙七年（1668），增建两庑门楼，在祀三高祠（该祠祀范蠡、张翰和陆龟蒙）的同日致祭，祝文中云：“惟公居陈国之显官，任黄门之清职，制玉篇以深裨于士教，捍潮势以广益于农田，兹其美功合登祀典式……”嘉庆十二年（1807），祠圮，顾野王后裔贵诚修之未毕，后嘉庆十六年（1811），汝敬“以闻于当道时抚吴大中丞章公煦以公祠列于防护之案”，于是“援例具奏”，“谕旨给帑银八百四十七两有奇”，使“庙貌一新”。同治十一年（1872），祠又重建。

顾公庙历经沧桑。据三里桥村的徐有连老先生说，20 世纪 50 年代顾公庙改为了学校，庙内顾公、顾夫人两尊塑像暂置于校内，随后，由乡民移放于夹浦桥附近的吴淞江边一个草棚里，后又请了回来。“文化大革命”开始后，顾公庙遭受了灭顶之灾，被予以拆除，两尊塑像则由乡民放置于苏州观音山中峰寺里。20 世纪 90 年代，当地乡民们在顾公庙原址附近，搭建起了一座小型的顾公庙，两尊塑像重回故地。

让人庆幸的是，在吴江市委、市政府的重视下，顾公庙（顾野王纪念馆）在 2006 年正式恢复重建。经前后逾一年时间，于 2007 年夏天竣工。

重建的顾公庙位于三里桥生态园内，四周花树扶疏，池水潋滟，假山错落，一派春意盎然的景象。庙西傍京杭大运河，西南与全国重点文物保护单位京杭大运河文物遗存之一的三里桥相望，组成了一幅“黛瓦高桥迎绿水，红花繁树掩黄门”的美妙图画。

重建的顾公庙由石牌坊、山门和大殿组成。石牌坊为四柱

◎顾野王《玉篇》

◎明弘治《吴江志》载顾公祠图

三门，南北两向均镌刻着坊额，南向为“先贤顾公”“秘书笃学”和“力辟道扃”，北向为“侍郎故里”“古吴绍韵”和“梁陈遗风”，并镌刻着四副对联，其中一副为明代吴璋后裔、清代诗人吴时森之句：“六朝冠冕皆如梦；千古文章迥独尊”，系其《顾黄门祠》诗中的颔联，全诗为：“烟锁荒祠碧草痕，岁时犹自祀黄门。六朝冠冕皆如梦，千古文章迥独尊。鸦噪夕阳深殿晚，马嘶残树野塘昏。何人更唱迎仙曲，萧飒英风满故村。”其他三副由当代吴江文化人士撰书，其中一副为：“人传震泽岸边喝潮水；史载听江轩里制玉篇”。联中的“震泽”，指太湖；“喝潮水”，指民间有顾野王勇喝潮水的传说；“听江轩”，为顾野王的居处；《玉篇》，为顾野王的代表作，是与《说文解字》具有同等地位的古代典籍，《辞源》《辞海》等大型工具书上都有专门介绍。

◎顾公庙（顾野王纪念馆）

◎三里桥与顾野王纪念馆

吴江古桥上的张志和身影

张志和，唐代诗人，字子同，号玄真子，初名龟龄，婺州金华（今属浙江）人。年十六游太学，举明经。唐肃宗时待诏翰林，贬南浦尉，后隐居江湖，自号烟波钓徒。与颜真卿等为友。善歌词，能书画、击鼓、吹笛。诗词作品多写隐居时的闲散生活。其词今存《渔父》五首，描写季节景物鲜明生动，为早期文人词中著名之作，其中“西塞山前白鹭飞，桃花流水鳜鱼肥。青箬笠，绿蓑衣，斜风细雨不须归。”这一首尤为人熟知称道。另著有《玄真子》十二卷。

◎张志和像

张志和隐居江湖时，好长时间住在吴江的平望、震泽、铜罗、青云、桃源等地，堪称是“半个吴江人”，其遗迹堪多，单平望，据清道光《平望志》载，就有元真钓矶、元真子祠、望仙亭等。

元真钓矶在平望安德桥南，相传是张志和钓鱼的地方。宋代孙锐写有长诗，明代陈旻步韵和其诗。孙锐诗中有句云：“我闻在昔张元真，平生活计一钓纶。浮家泛宅戏人世，龟鱼为友蒹葭邻……”陈旻诗中有句云：“志和遗世能陶真，遨游四海周纷纶。烟波渺渺长自绿，沙鸥水鸟相为邻……”

元真子祠，原也在安德桥南，因年久荒废，清康熙年间，进士诸嗣郢移其像于莺脰湖中的平波台上，嘉庆十四年，里人重建。清初平望溪港籍名人潘柽章曾作一诗，诗中有句曰：“千载高风雪水寒，荒祠犹枕荻芦滩。时平尚欲辞金马，世乱终无问钓竿。”

望仙亭，一名平望亭，相传张志和在这里升仙，故名。清道光《平望志》卷十八“旧事”中对张志和其人和“升仙”经过的描述颇具传奇浪漫色彩。说他“饮酒不醉，守真养气，卧雪不冷，入水不濡，天下山水，皆所游览”，与作有《登平望桥下作》

诗的湖州刺史颜真卿友善，日与谈笑饮酒，乃唱和为渔父词。颜真卿又与陆羽、徐士衡、李成矩共唱二十余首，‘递相夸赏’，张志和则让人拿来丹青、剪下白绢，为词配画，须臾工夫，五幅花木禽鱼山水画‘穷幽极渺，今古无有’。后与颜真卿东游平望驿，张志和酒酣后戏水，铺席于水面，独坐笑饮，其席来去迟速，如划船声。复有云鹤随覆其上，张志和于水上挥手谢别颜真卿等人，飘然上升而去。”由此，在平望莺脰湖东南侧有一村，得名为“上升”，现此自然村属盛泽镇黄家溪村。

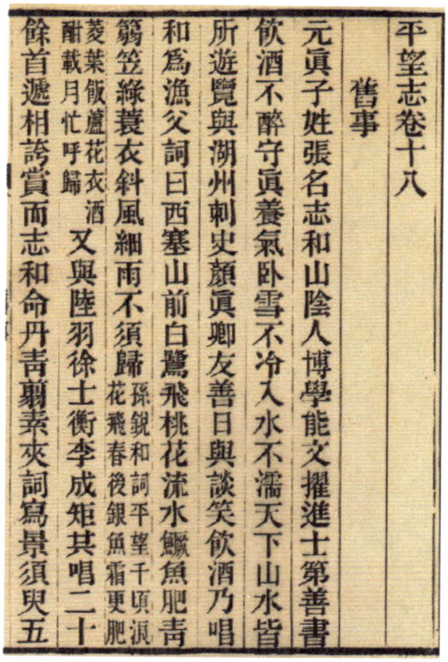
平望志卷十八
舊事
元眞子姓張名志和山陰人博學能文擢進士第善書飲酒不醉守眞養氣卧雪不冷入水不濡天下山水皆所遊覽與湖州刺史顏眞卿友善日與談笑飲酒乃唱和爲漁父詞曰西塞山前白鷺飛桃花流水鱖魚肥青箬笠綠蓑衣斜風細雨不須歸孫銳和詞平望千頃浪花飛春後銀魚霜更肥菱葉飯蘆花衣酒酣載月忙呼歸又與陸羽徐士衡李成矩共唱二十餘首遞相誇賞而志和命丹青翦素夾詞寫景須臾五

◎清道光《平望志》载张志和

沧海桑田，这些古迹已难觅踪影，但在吴江的古桥上还是能寻觅到张志和的身影。青云和桃源之间有座张钓桥，据民国《严墓区政概况》记载，此桥因张志和曾垂钓于此，故名。古代喜爱钓鱼的人很多，不乏政治家、思想家、军事家、文学家等。有人说，其中为了钓人而钓鱼的当数商周间的姜子牙，为了避人而钓鱼的应推东汉时的严子陵，而张志和似乎介于这二者之间。唐·李德裕在《玄真子渔歌记》中称张志和“贤而名隐，鸱夷（指春秋时越国大夫范蠡）智而功高，未若玄真隐而名彰，方而无事，不穷而达，其严光（即严子陵）之比欤？”那所云“钓人”中的“人”指的是谁呢？有人猜测是唐肃宗李亨。说可以在张志和的一首诗中领悟出来。此诗为：“八月九月芦花飞，南溪老人重钓归。秋山入帘翠滴滴，野艇倚槛云依依。却把渔竿寻小径，闲梳鹤发对斜晖。翻嫌四皓曾多事，出为储皇定是非。”诗的末句“出为储皇定是非”正是说张志和还想出世为储皇定是非。张志和为何在诗中称李亨为储皇，是因为李亨发现张志和是人才的时候还是储皇太子。可惜的是张志和虽受李亨器重，他在家守孝期间，李亨曾送奴婢给他，但李亨却只做了六年皇帝就去世了，因此，张志和最终还是没有“钓”到唐肃宗。不管古人怎样评说，读着张志和的诗词，让人感受到他所钓更多的是大自然，是那诗与画的意境。

铜罗、青云、桃源一带的张志和遗迹除了张钓桥，还有云龙桥。云龙桥在铜罗仙南村石桥头，初建无考，现存之桥为民国二十二年（1933）重建，现为苏州市控制保护建筑。该桥为南北走向，跨后村港，梁式三孔，系由花岗石构筑，桥顶上置有石栏。

桥长 22.5 米，中宽 2.15 米，中跨 4.5 米，高 3.7 米。桥两向均镌有对联，其中东向联为：“清风明月垂张钓；红树青山泛范舟”。上联中的“张”，指的即是张志和，下联中的“范”则指春秋时越国大夫范蠡。细读此联，眼前不由浮现出这么一幅图画：一轮皓月当空，阵阵清风徐来，吹皱一泓碧水，在当年玄真子曾经隐居的地方，有人在怡然自得地垂钓；刚染过霜的枫林红胜似火，将平日太湖苍翠的山岭映得通明，山前清澄如练的江上，一叶与当年范蠡泛舟五湖时相似的小船在缓缓而行。

颜真卿平望桥下留诗篇遗轶闻

颜真卿（708—784），唐大臣、书法家，字清臣，京兆万年（今陕西西安）人，开元进士，任殿中侍御史，因被杨国忠排斥，出为平原（治今山东陵县）太守。安禄山叛乱，他联络从兄常山太守颜杲卿起兵抵抗，附近十七郡响应，被推为盟主，合兵二十万，使安禄山不敢急攻潼关。长安陷落后，始弃郡脱走。历官至吏部尚书，太子太师，封鲁郡公，人称“颜鲁公”。唐德宗时，李希烈叛乱，他被派前往劝谕，为李希烈缢死。颜真卿书法初学褚遂良，后从张旭得笔法，正楷端庄雄伟，气势开张；行书遒劲郁勃，古法为之一变，开创了新风格，对后来影响很大，人称“颜体”，与柳公权并称“颜柳”。后人辑有《颜鲁公文集》。

◎颜真卿像

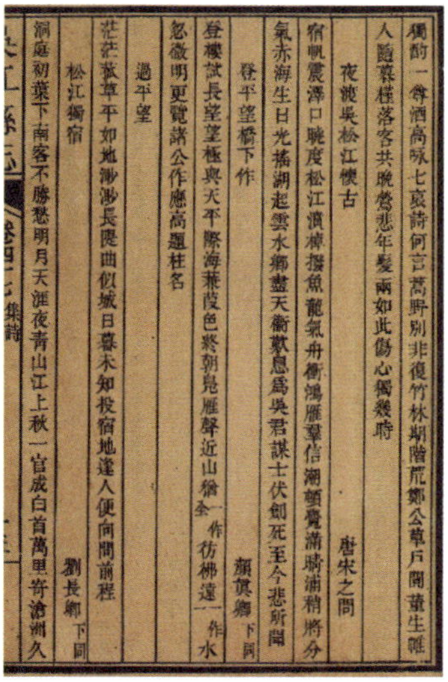

獨酌一尊酒高咏七哀詩何言蒿野別非復竹林期階荒鄭公草戶閉董生帷
人隨暮樓落客共曉鶯悲年髮兩如此傷心獨幾時
夜渡吳松江懷古　唐宋之問
宿帆震澤口曉度松江濆棹撥魚龍氣舟衝鴻雁羣信潮頓覺滿聽浦稍將分
氣赤海生日光搖湖起雲水鄉盡天衢歎息爲吳君謀士伏劍死至今悲所聞
登平望橋下作　顏眞卿 下同
登樓試長望望極與天平際海蒹葭色終朝鳧雁聲近山猶一作仿彿遠一作水
忽微明更覽諸公作應高題柱名
過平望
茫茫葭草平如地渺渺長隄曲似城日暮不知投宿地逢人便向問前程
松江獨宿　劉長卿 下同
洞庭初葉下南客不勝愁明月天涯夜青山江上秋一官成白首萬里寄滄洲久

◎清乾隆《吴江县志》载颜真卿《登平望桥下作》

唐大历七年（772）十一月，颜真卿委以湖州刺史，于下一年一月到任，至大历十二年（777）八月卸任，入尚书省任刑部尚书。在此近五年期间，颜真卿来平望，留下了多首诗作和一些史事轶闻。

清乾隆《吴江县志》刊有颜真卿写平望的诗，题为《登平望桥下作》，平望桥即是现今的安德桥。诗为：“登楼（楼字一作桥）试长望，望极与天平。际海蒹葭色，终朝凫雁声。近山犹仿佛，远水忽微明。更览诸公作，应高题柱名。”诗中的“楼”，指平望驿楼（桥指现今的安德桥），在平望桥南堍；“望极与天平”，与平望地名的由来“天光水色，一望皆平”一脉相承。最后一句“应高题柱名”，出自“题柱”典故，《华阳国志·蜀志》中云：“城北十里有升仙桥，有送客观。司马相如初入长安，题市门曰：‘不乘赤车驷马，不过汝下也！’”按《太平御览》卷七十三则引作为“题桥柱”。

◎安德桥旧影

清道光《平望志》刊有颜真卿的另一首写平望的诗，是为《夜泊平望送别》：“百里西吴道，两人共此舟。月明天不夜，湖阔水常秋。知己难分手，忧时易白头。萧萧芦荻里，双宿有沙鸥。”诗中的“百里西吴道”，指平望至浙江湖州的荻塘，即今江南运河西线。

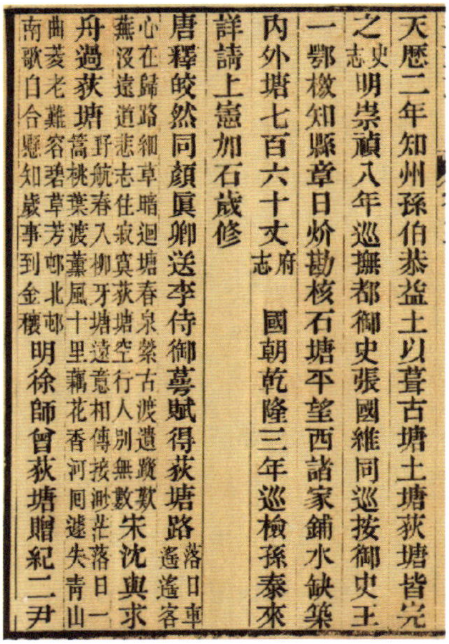

天歷二年知州孫伯恭盆土以葺古塘土塘荻塘皆完
之史志明崇禎八年巡撫都御史張國維同巡按御史王
一鄂檄知縣章日炌勘核石塘平望西諸家鋪水缺築
內外塘七百六十丈府志 國朝乾隆三年巡檢孫泰來
詳請上憲加石歲修
唐釋皎然同顏眞卿送李侍御蕚賦得荻塘路落日車遙遙客心在歸路細草暗迴塘春泉縈古渡遺蹤歎蕪沒遠道悲去住寂寞荻塘空行人別無數
朱沈與求舟過荻塘野航春入柳牙塘遠意相傳接渺茫落日一篙桃葉渡薰風十里藕花香河迴遠失青山曲菱老難容碧草芳郎北郎南歌自合懸知歲事到金穰
明徐師曾荻塘贈紀二尹

◎清乾隆《震泽县志》载唐·释皎然诗

清乾隆《震泽县志》记载，唐代著名诗僧皎然，曾在平望与颜真卿一起送别李侍御而写诗一首，是为《同颜真卿送李侍御萼赋得荻塘路》：“落日车遥遥，客心在归路。细草暗回塘，春泉萦古渡。遗踪叹芜没，远道悲去住。寂寞荻花空，行人别无数。”

颜真卿在为平望留下诗作的同时，也留下了一些史事轶闻。清康熙《吴江县志》载道：“颜真卿刺湖州，（张）志和亦举进士，与之同游平望驿……”这平望驿，位于安德桥南，唐代设驿时，属吴兴郡。清道光《平望志》所刊的明代东阁大学士兼礼部尚书周道登《重建文昌阁记》中也载道：……余闻莺脰湖在昔为颜真卿、张志和、陆龟蒙、皮日休、陆羽、罗隐辈燕游之所……”

吴江古桥上的陆龟蒙身影

吴江三高祠里祭祀的第三人是唐代诗人陆龟蒙。陆龟蒙是长洲甫里（今苏州市吴中区角直镇）人，字鲁望，号江湖散人、天随子、甫里先生、江上文人，生于何年不详，卒于唐中和元年（881）。陆龟蒙嗜好饮茶，他常带着茶灶和书、笔床、钓具等物，往来吴淞江上，在现今吴江的松陵、平望、黎里、震泽、庙港等地隐居了较长时间，称得上是“半个吴江人”。

◎陆龟蒙像

陆龟蒙与七都庙港似乎特别有缘，至今那里存有的古村落陆家港、养鹅浜和甫里古桥都是与他有关。陆家港，位于七都镇中部，北濒太湖，东距庙港集镇4.5公里，西离吴溇集镇5公里。老街东起养鹅浜，西经甫里桥至铁家浜南。街长近100米，其中甫里桥以东段为50余米，甫里桥以西段为40余米。说来也真有点奇怪，这陆家港上没有一户是姓陆的，那这地名是怎么得来的呢？原来，相传唐代诗人陆龟蒙曾从这里出太湖，后人为纪念他，便将该港取名为陆家港。老街东首的养鹅浜，相传陆龟蒙曾在此隐居养鹅而得名。

陆家港在唐代时已成村落。自明代起，陆家港形成街肆，鱼摊、肉铺、茶馆已有数家。至清代，商业逐渐兴起，民国后进一步发展，形成肉铺、鱼摊、茶馆、糖果茶食、酒酱、豆制品、小百货、烟杂、理发等行业，其中，施家、庄家、曹家、吴家等大户开的商店近20家。新中国成立前夕，计有米行、药店、布店、饭馆、百货店、缝纫店、铁匠铺各1家，鱼行、肉店各2家，茶馆3家，杂货店6家。1957年，大儒乡成立，乡政府设在陆家港，陆家港老街商业进入鼎盛时期，共有50多家商店。1958年8月，实行人民公社化，大儒乡被撤并，陆家港老街逐渐萎缩。

陆家港老街上，商铺民居面街枕河，留有河埠、廊棚、水阁等具有古朴气息的建筑物。中段的甫里桥，则以陆龟蒙别号“甫里先生”中的“甫里”命名，初建年代无考，现存之桥系清宣统三年（1911）重建，为苏州市控制保护建筑，东西走向，梁式单孔，金刚墙基本为青石，余为花岗石，桥长 9 米，中宽 1.8 米，跨度 3.4 米，高 2.9 米。桥身上镌刻着一副对联：“万顷具区留禹迹；陆家甫里忆唐贤”。上联中的“具区”是太湖的古称之一；“禹迹”，相传当年大禹治水，曾在太湖一带留下了不少足迹。下联中的“唐贤”指的即是陆龟蒙。

◎陆家港老街

松陵盛家厍的红桥也与陆龟蒙有关，桥上对联的上联“春日几家还放鸭”说的就是陆龟蒙之事。以前，在盛家厍北侧垂虹桥畔有一亭，名鸭漪亭，相传即是陆龟蒙养鸭之处。在吴江其他各地，也留有多处陆龟蒙养鸭的遗迹，如平望安德桥南有放鸭滩，震泽花山头北有养鸭滩，黎里的陆龟蒙养鸭之处则为黎里八景之一，名为“鸭栏帆影”。

◎甫里桥

北宋名人与垂虹桥

小 引

苏州吴江的垂虹桥，素以“江南第一长桥”闻名遐迩，位于吴江城区东门外，始建于宋庆历八年（1048），初名利往桥，意为利于往来之桥。那时为木结构，有一座名曰“垂虹”的亭子翼然立于桥心，桥孔最多时为99孔，故俗称长桥。元泰定二年（1325）易石重建，为62孔（也有64孔、72孔的记述），桥中间有三大孔凸起以通舟，两堍立“汇泽”“底定”二亭，并各立一对石狮。易石重建后，元、明、清三代期间多次进行修缮。民国四年（1915）重修时，仅见44孔，其余埋在地下。1957年8月被列为江苏省文物保护单位时，见有47孔。

◎南宋长虹卧波图（局部）

岁月流逝，垂虹桥历经沧桑。由于年久

◎民国四年（1915）时的垂虹桥

◎现存垂虹桥东端桥孔

失修，于1967年5月2日晚大部分塌毁，所幸东西两端存有桥洞，东端为10孔，西端显露7孔，尚有约4孔埋在地下。垂虹桥所遗桥孔由吴江县人民政府于1986年7月以“垂虹桥遗迹”之名公布为吴江县文物保护单位。2005年，吴江市委、市政府在垂虹桥遗迹周围建造垂虹景区，重现了东端的10孔桥洞及桥堍、牌坊石础、汇泽亭基等，并予以修缮。2006年，垂虹桥东西两端桥孔由江苏省人民政府仍以“垂虹桥遗迹”之名公布为江苏省文物保护单位。2019年10月，国务院以“垂虹断桥”之名公布为全国重点文物保护单位。

垂虹桥坐落在江河交汇处的宽阔水面上，远远望去，“环如半月，长若垂虹”，其壮丽秀美，独步江南。桥东南堍还耸立着一座华严宝塔，构成了“长桥塔影”这一水乡特有的景观。垂虹桥自北宋始建起，即被誉为“三吴绝景”，自北宋以来，数百位历代名人在此进行活动，或饮酒作歌，或吟诗诵词，或泼墨作画，留下了许多灿烂的篇章。从一定角度说，垂虹桥的历史就是一部历代名人在垂虹桥的活动史。

◎现存垂虹桥西端显露桥孔

张先为垂虹桥添“一影”

宋代文学家陈师道在《后山诗话》中说道：“张先善著词，有云：‘云破月来花弄影’，‘帘压卷花影’，‘堕轻絮无影’，世称诵之，号张三影。”张先生于宋淳化元年（990），卒于元丰元年（1078），字子野，乌程（今浙江湖州）人，天圣进士，历官吴江知县、都官郎中等。晚年退居乡间。

◎张先像

据清乾隆《吴江县志》卷之十九“职官二”记载，

宋仁宗赵桢康定元年（1040），张先吴江。作为吴江的父母官，张先与吴江情有独钟。宋代熙宁年间，大文豪苏东坡从杭州去山东高密。他特意乘船到浙江湖州，去向已经告老回乡的老友张先辞别。张先因当过吴江知县，对吴江非常熟悉，见到苏轼极为高兴，立邀湖州几位老朋友，陪同苏轼一起坐船到吴江垂虹桥游览。张先、苏东坡、杨元素、陈令举、刘孝叔、李公择一行六人至吴江，先一起舟游松江，夜半月出之时，置酒于垂虹桥的垂虹亭上。皎洁的月色之下，诗人们对酒当歌，沉醉欲眠，朦胧恍惚之中，诗兴才情大发。当时，以填词闻名的张先已八十五高龄，但兴致不输少年，当场作了一首《定风波令》：

西阁名臣奉诏行，南床吏部锦衣荣。中有瀛仙宾与主，相遇，平津选首更神清。

溪上玉楼同宴喜。欢醉，对堤杯叶惜秋英。见说贤人聚吴分，试问，也应旁有老人星。

当即获得一片喝彩之声。张先的《松江》诗也写得很是精彩：

春后银鱼霜下鲈，远人曾到合思吴。

欲图江色不上笔，静觅鸟声深在芦。

落日未昏闻市散，青天都净见山孤。

桥南水涨虹垂影，清夜澄光合太湖。

诗题中的“松江”，即吴淞江，古称松江或吴江，亦名松陵江、笠泽江，发源于吴江松陵西侧东太湖，现在瓜泾口由西向东，穿过江南运河，在今上海市外白渡桥以东汇入黄浦江。与东江、娄江合称“太湖三江”。而在唐代以前，南起浪打穿（今吴江区菀坪社区），北至瓜泾口，都是吴淞江的上源。唐宋以后，进水口逐渐北移，便以垂虹桥所在的长桥河为要口。明清以后，进水口继续北移，移至了瓜泾口。

相传，张先《松

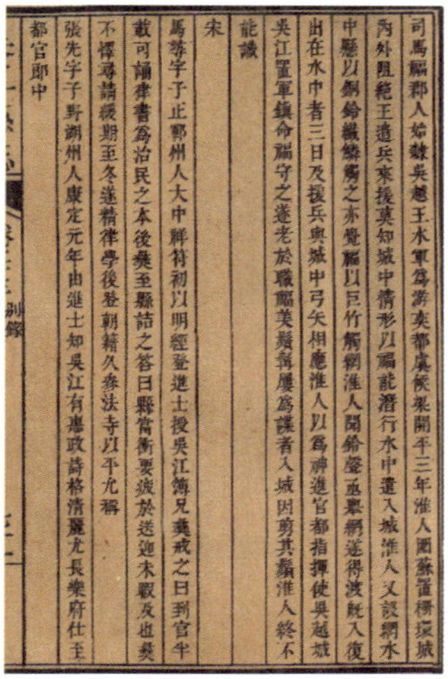
司馬驌郡人始隸兵越王水軍爲遊奕都虞候梁開平三年淮人圍蘇置楊採城
內外阻絕王遣兵來援莫知城中情形以驌能潛行水中遣入城淮人又設網水
中懸以銅鈴纖鱗觸之亦覺驌以巨竹觸網淮人聞鈴聲亟舉網遂得渡既入復
出在水中者三日及援兵與城中弓矢相應淮人以爲神遂官都指揮使吳越城
吳江置軍鎮命驌守之遂老於職驌美鬚髯屢爲諜者入城因剪其鬚淮人終不
能識
宋
馬尋字子正鄆州人大中祥符初以明經登進士授吳江簿兄彙戒之曰到官半
載可誦律書爲治民之本後彙至縣詰之答曰縣賓衙要殘於送迎未暇及也彙
不懌尋請展期至冬遂精律學後登朝籍久叅法寺以平允稱
張先字子野湖州人康定元年由進士知吳江有惠政詩格清麗尤長樂府仕至
都官郎中

◎清乾隆《吴江县志》载张先

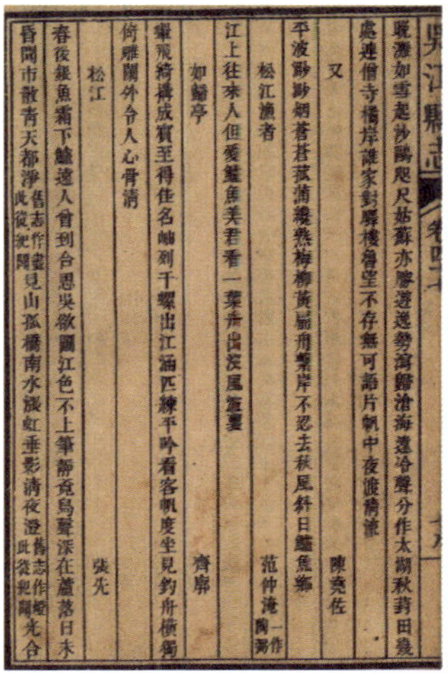
吳江縣志
聚漲如雪起沙鷗咫尺姑蘇亦勝遊迤勢窮歸滄海遠吟聲分作太湖秋葑田幾
處連僧寺橋岸誰家對屏樓魯望不存無可語片帆中夜渡滄洲
又　陳堯佐
平波渺渺煙蒼蒼菰蒲幾熟梅柳黃扁舟繫岸不忍去秋風斜日鱸魚鄉
松江漁者　范仲淹 一作陶弼
江上往來人但愛鱸魚美君看一葉舟出沒風波裏
如歸亭　齊廓
暈飛綺構成賓至得佳名岫列千螺出江涵匹練平吟看客帆度坐見釣舟橫獨
倚雕闌外令人心骨清
松江　張先
春後銀魚霜下鱸遠人曾到合思吳欲圖江色不上筆靜覓鳥聲深在蘆落日未
昏聞市散青天都淨（舊志作盡此從杞閣）見山孤橋南水漲虹垂影清夜澄（舊志作燈此從杞閣）光合

◎清乾隆《吴江县志》载张先《松江》诗

江》诗中的第七句“桥南水涨虹垂影”成了垂虹桥桥名的由来（垂虹桥初名利往桥，取利于往来之意），有趣的是张先号“张三影”，他的这一诗句中也有个“影”字，可谓“张三影”为垂虹桥增添了“一影”，使其更加名声在外了。

梅尧臣与垂虹桥

◎梅尧臣像

梅尧臣（1002—1060），北宋诗人，字圣俞，宣州宣城（今安徽宣州）人。甚受陆游、刘克庄等人的推崇。有《宛陵先生文集》。

梅尧臣与吴江的交集还是蛮多的。他为吴江的特产针口鱼写了一篇《针口鱼赋》，致使清乾隆《吴江县志》“物产”篇在介绍针口鱼时专门提到了他。他到过吴江后，吴江的景物给他的印象颇深，故回去后念念不忘，写了一首《忆吴江晚泊》诗，是为：

念昔西归时，晚泊吴江口。
回堤遡清风，淡月生古柳。
夕鸟犹远归，渔舟独在后。
当时谁与同，涕忆泉下妇。

在这首诗里，他运用细致入微、平淡深远的写作风格，将太湖之畔、吴淞江口由那清风、淡月、夕鸟、渔舟等物体融合成的美景描绘得出神入化。

对于吴江的第一名胜——垂虹桥，梅尧臣当然也是不惜笔墨的。宋嘉祐六年（1061），裴煜（字如晦，临川〈今属江西抚州〉人。宋仁宗庆历六年（1046）进士来吴江担任知县，梅尧臣与欧阳修、苏洵、王安石等人摆酒宴相送，并咏诗相送给裴如晦。清康熙《吴江县志》上刊载了欧阳修的《送裴如晦之吴江》，清乾隆《吴江县志》则刊载了梅尧臣与王安石的《送裴如晦宰吴江》同题之诗，梅诗为：

吴江田有粳，粳香舂作雪。
吴江下有鲈，鲈肥脍堪切。
炊粳调橙齑，饱食不为餮。
月从洞庭来，光映寒湖凸。
长桥坐虹背，衣湿霜未结。

四顾无纤云，鱼跃明镜裂。

谁能与子同，去若秋鹰掣。

诗中描述了吴江的特产粳米、鲈鱼，也绘制了一幅由太湖、长桥（垂虹桥）等组成的美景图。

欧阳修与垂虹桥

欧阳修（1007—1072），北宋文学家，史学家，字永叔，号醉翁、六一居士，吉州吉水（今属江西）人。天圣进士。官至翰林学士、枢密副使、参知政事。谥文忠。他为“唐宋八大家”之一。

◎欧阳修像

以前，震泽八景中有一景名曰“康庄别墅”，由震泽籍扬州太守吴秀于明万历年间（1573—1620）所筑，内有石刻“平山”两个大字，系欧阳修所书，本在扬州平山堂，吴秀去官时摹勒带回震泽。

据清乾隆《吴江县志》卷之十九“职官二”记载，宋嘉祐六年（1061），裴如晦来吴江任知县。裴如晦即裴煜，他动身来吴江时，欧阳修和苏洵、王安石、梅尧臣等人设酒宴相送，席间多人咏诗送裴如晦宰吴江。欧阳修吟了一首五言古风《送裴如晦之吴江》，诗为：

鸡鸣车马驰，夜半声未已。

皇皇走声利，与日争寸晷。

而我独何为，闲宴奉君子。

京师十二门，四方来万里。

顾吾坐中人，暂聚浮云尔。

念子一扁舟，片帆如鸟起。

文章富千箱，吏禄求斗米。

白玉有时沽，青衫岂须耻。

人生不足忧，合散乃常理。

惟应当欢时，饮酒如饮水。

欧阳修虽未有直接写垂虹桥的诗，但他对别人写垂虹桥的诗句却有评价之辞。南宋文学家胡仔在《苕溪渔隐丛话》一书中曰：“吴江长桥诗世称三联，子美云：‘云头滟滟开金饼，水面沉沉卧彩虹。’杨次公云：‘八十丈虹晴卧影，一千顷碧玉无瑕。’郑毅夫云：‘插天螮蝀玉腰阔，跨海鲸鲵金背高。’永叔谓子美此句雄伟，余谓次公、毅夫两联粗豪，较以子美之句，二公殊少蕴藉也。”

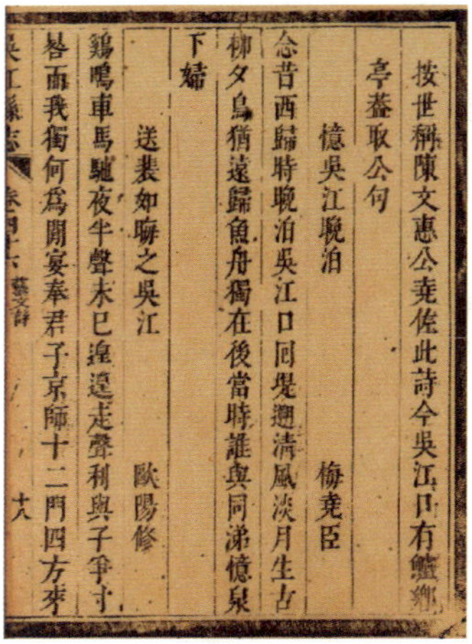
按世稱陳文惠公堯佐此詩今吳江只有鱸鄉
亭蓄取公句
憶吳江晚泊　梅堯臣
念昔西歸時晚泊吳江口回堤遡清風淡月生古
柳夕鳥猶遠歸魚舟獨在後當時誰與同涕憶泉
下婦
送裴如晦之吳江　歐陽修
鷄鳴車馬馳夜半聲未已逡巡走聲利與子爭寸
晷而我獨何爲開宴奉君子京師十二門四方來
吳江縣志　卷四十六　藝文詩　十八

◎清乾隆《吴江县志》载欧阳修诗

文中的“子美”，指北宋诗人苏舜卿，字子美，他作有《中秋松江新桥对月和柳令之作》，诗题中的“新桥”即是垂虹桥（当时新修），“云头滟滟开金饼，水面沉沉卧彩虹”为该诗中的颔联；“杨次公”，指北宋诗人杨杰；“郑毅夫”，指北宋诗人郑獬，而文中的“永叔”即指北宋文学家、史学家欧阳修。

另外，明成化八年（1472），吴江知县王迪主持重修垂虹桥竣工之际，致函吴江人、正统进士、时任湖广右参议的梅伦，请其撰写《重修长桥记》。梅伦在文快结束时引用了欧阳修在《偃虹堤记》一文中之语：“作者未始不欲其久存，而继者常至于殆废。”意谓建造者开始并非不想让它长久完好保存，可是继承者倒常常把它废弃。这对于垂虹桥来说，也可谓有点儿意思。

苏舜钦与垂虹桥

◎苏舜钦像

苏舜钦（1008—1049），北宋诗人，字子美，绵州盐泉（今四川绵阳东）人，迁居开封。景祐进士，曾任大理评事，后退居苏州沧浪亭。工散文，诗与梅尧臣齐名，风格豪健，甚为欧阳修所重。又工书法。有《苏学士文集》。

苏舜钦与垂虹桥的因缘颇深。《诗话类编》中云，吴江长桥（即垂虹桥）诗，世称三联，第一联为苏舜钦之句“云头艳艳开金饼，水面沉沉卧彩虹”，出自他的《中秋松江新桥对月和柳令之作》，全诗为：

月晃长江上下同，画桥横截冷光中。
云头艳艳开金饼，水面沉沉卧彩虹。
佛氏解为银色界，仙家多住玉华宫。
地雄景胜言不尽，但欲追随乘晓风。

诗题中的“松江”，即吴淞江；“新桥”，指于庆历八年（1048）落成的垂虹桥，故曰之为“新桥”；诗中的“长江”，指吴淞江；《诗话类编》中所载“云头艳艳开金饼，水面沉沉卧彩虹”是该诗的颔联。

至于该诗的颈联，隔了六百多年后，清代康熙皇帝还在提及。康熙帝为承德避暑山庄里的一景“长虹饮练”题了一首诗，是为：

长虹清径罗层崖，岸柳溪声月照阶。
淑景千林晴日出，禽鸣处处八音谐。

诗前有序为：“湖水澄碧，一桥卧波。桥南种敖汉荷花万枝，间以内地白莲。锦错霞变，清芬袭人。苏舜钦垂虹桥诗，谓如玉宫银界……”“玉宫银界”，即是指“佛氏解为银色界，仙界多住玉华宫”这一联句。

苏舜钦写垂虹桥的诗还有一首七律，是为《松江长桥未明观渔》：

曙光东向欲胧明，渔艇纵横映远汀。
涛面白烟昏落月，岭头残烧混疏星。
鸣榔莫触蛟龙睡，举网时闻鱼鳖腥。
我实宦游无况者，拟来随尔带笭箵。

诗中的“鸣榔”，是一种捕鱼的方法，即以长木叩舷为声，惊鱼入网；“笭箵”，渔具的总称，亦指贮鱼的竹笼。这首诗奔放豪健，气象开阔，尾联“我实宦游无况者，拟来随尔带笭箵”表达了苏舜钦希望归隐在松江边、长桥畔，尽情享受大自然美景的情感。

苏舜钦的这首诗，隔了近千年后，不管是一般的诗歌爱好者，还是在社会上颇有影响的人物读之都是颇有感触的，特别是对于垂虹桥所在的吴江人而言。2003 年 4 月的一天，吴江籍著名社会学家费孝通受时任吴江市长马明龙先生之邀，与女儿费宗蕙、女婿张荣华及老友原吴江人大常委会主任于孟达一起去吴江中学，视察吴江文庙大成殿和崇圣祠两侧的《历代名人咏吴江》和《孔子论语集句》两条碑廊。当费老看到宋代苏舜钦《松江长桥未明观渔》和米芾《吴江垂虹亭作》这两块碑刻时，尤为触景生情，希望修复垂虹桥的愿望愈显强烈。当时他对身边的费师夷说道：“政府和政协在吴江中学建起了两条文化碑廊，这对宣扬孔子思想，弘扬吴江文化很有意义。要是把垂虹桥也恢复起来，与文庙、碑廊融为一体那该多好。”

裴如晦与垂虹桥

裴如晦，即裴煜，字如晦，临川（今属江西抚州）人。宋仁宗庆历六年（1046）进士。据清乾隆《吴江县志》卷之十九“职官二”记载，嘉祐六年（1061），裴如晦知吴江。嘉祐七年，为太常博士、秘阁校理。治平元年（1064）知扬州，治平二年知苏州，官至翰林学士。

裴如晦来知吴江时，欧阳修、苏洵、王安石、梅尧臣等酒宴相送，席间多人咏诗送裴如晦宰吴江。清康熙《吴江县志》上载欧阳修的《送裴如晦之吴江》，清乾隆《吴江县志》则载王安石的《送裴如晦宰吴江》和梅尧臣的同题之诗。

欧阳修的《送裴如晦之吴江》，为五言古风（略，见本辑《欧阳修与垂虹桥》一文）。

王安石的《送裴如晦宰吴江》也为五言古风，全诗为：

震泽与天杳，旁临无限情。
他时散发处，最爱垂虹亭。
飘然平生游，舍我戴吴星。
欲往独不得，都门看扬舲。
到县问疾苦，为子求所经。
当知耕牧地，往往茭蒲青。
三江断其二，浲水何由宁。
微子好古者，此歌尚谁听。

梅尧臣的《送裴如晦宰吴江》同样为五言古风（略，见本辑《梅尧臣与垂虹桥》一文）。

裴如晦本人也为垂虹桥桥心之亭——垂虹亭赋诗七律一首，明弘治《吴江志》和清康熙《吴江县志续编》上均载此诗：

百尺桥心一解颜，尘埃无迹鉴回环。
青天半落西山外，白水前铺远树间。
帘卷夕阳鸦阵乱，槛凭秋色棹歌还。
衰迟病尹偏惆怅，不得三年向此闲。

该诗首句即表达了诗人对垂虹桥的爱怜之情，说他一看到桥心之亭垂虹亭就开心而笑了；颔联和颈联描绘了在垂虹亭所见的太湖山峰、吴淞江水等景物和所闻的棹歌等；尾联则表达了诗人的些许遗憾，没有三年时间在此享受闲情逸趣。据载，裴煜任吴江知县的第二年即迁太常博士、秘阁校理，三年后则知扬州了。

杨杰与垂虹桥

杨杰（约 1019—1088），字次公，自号无为子，北宋无为（今属安徽）人，少有名于时，嘉祐四年（1059）举进士。元祐中，为礼部员外郎，出知润州（今江苏镇江），除两浙提点刑狱。与苏轼同时，《东坡集》有杨杰诗序。享年七十。有《无为集》等。

杨杰曾在润州为官，后任两浙提点刑狱，时两浙为路，辖今江苏南部和浙江全省，杨杰约在此任期中到过吴江垂虹桥，写下了《舟泊长桥》一诗：

区区朝市逐纷华，不信湖心有海槎。
八十丈虹晴卧影，一千顷玉碧无瑕。
古今风月归诗客，多少莼鲈属酒家。
安得扁舟如范蠡，烟波深处卜生涯。

诗中的“纷华”为繁华、富丽之意；“海槎”，指用竹木编制的渡海之筏；“范蠡”，楚国宛地人，曾为越国大夫，为勾践灭吴称霸做出重大贡献。

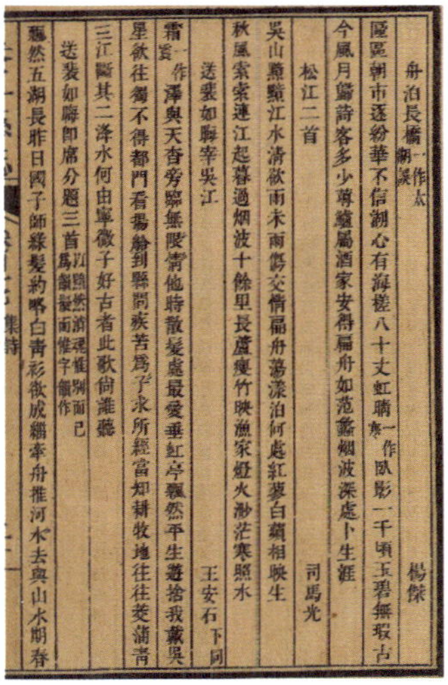
舟泊長橋 一作太湖誤 楊傑
區區朝市逐紛華不信湖心有海槎八十丈虹晴 一作寒 臥影一千頃玉碧無瑕古
今風月歸詩客多少蓴鱸屬酒家安得扁舟如范蠡烟波深處卜生涯
松江二首 司馬光
吳山點點江水清欲雨未雨傷交情扁舟蕩漾泊何處紅蓼白蘋相映生
秋風索索連江起暮過烟波十餘里長蘆瘦竹映漁家燈火渺茫寒照水
送裴如晦宰吳江 王安石 下同
霜 一作青 澤與天沓旁縣無暇時散髮處最愛垂虹亭飄然平生遊捨我載吳
星欲往獨不得都門看揚舲到縣問疾苦為予求所經富知耕牧地往往茭蒲青
三江斷其二泽水何由寧微子好古者此歌尚誰聽
送裴如晦即席分題三首 以黯然消魂惟別而已為韻探得惟字韻作
黯然五湖長昨日國子師綠髮約略白青衫欲成緇牽舟推河水去與山水期春

◎清乾隆《吴江县志》载杨杰诗

该诗的颔联流传颇广，南宋文学家胡仔在《苕溪渔隐丛话》一书中提到吴江垂虹桥三名联，其中第二联“八十丈虹晴卧影，一千顷碧玉无瑕”，即是杨杰上面《舟泊长桥》诗中的颔联。

杨杰的诗句在隔了八百多年后，还在垂虹桥上派上了实际的用场。民国四年（1915）垂虹桥重修，这次修桥工程，按照“淤者去，塞者通，圮者治，循其故迹，勿伤民居”的原则进行。当时由于桥的东西两堍均有一些桥孔被埋入土中，地面仅见 44 孔。施工时，拆卸清理 25 孔，其中西大孔东移二丈八尺，南向镌刻了“中华民国四年六月”和“官绅商富阖邑善姓捐资重修”字样，北向则镌刻了一副对联，是为“八十丈虹晴卧影；万千年浪直冲湖”。上联即是杨杰诗颔联的上句，下联为明代诗人杜庠的《垂虹桥》诗颔联的下句，全诗为：

天垂螮蝀跨三吴，桥上分明见画图。
七十二湾平作路，万千年浪直冲湖。
石阑干外青山小，芦苇丛边钓艇孤。
老我昔年题柱手，举杯今日醉莼鲈。

两位诗人虽相隔数百年，但他们的诗句经后人“匹配”，倒也浑然一体。

王安石诗赞垂虹桥

◎王安石像

王安石（1021—1086），北宋政治家、文学家、思想家，字介甫，号半山，临川（今属江西抚州）人，庆历进士，初知鄞县，官至参知政事、宰相，退居江宁（今江苏南京），封荆国公，世称荆公。卒谥文。其散文雄健峭拔，为“唐宋八大家”之一。诗歌遒劲清新。词虽不多而风格高峻。文集今有《王文公集》《临川先生集》两种，后人辑有《周官新义》《诗义钩沉》等。

浏览吴江历代方志，王安石写吴江的诗颇多。他在《过吴江》中吟道：

莽莽昔登临，秋风一散襟。
地留孤屿小，天入五湖深。
柑橘无千里，鱼虾有万金。
吾虽轻范蠡，终欲此幽寻。

在《松江》中咏道：

来时还似去时天，欲道来时已惘然。
只有松江桥下水，无情还送去时船。

至于他写垂虹桥和垂虹亭的诗则更多。裴如晦来宰吴江时，他写的《送裴如晦宰吴江》中的（见前《裴如晦与垂虹桥》一文）“欲往独不得”“都门看扬舲”，表达了他不能陪裴如晦前去吴江，只能目送他乘船离京的遗憾和对垂虹桥美景的向往之情。“他年散发处，最爱垂虹亭”，则进一步抒发了他对垂虹桥的的倾慕之情。

据南宋龚颐正《芥隐笔记》记载，在送裴如晦宰吴江的酒席上，王安石与欧阳修同座，到席的人还有苏舜钦、梅尧臣、王安国（王安石之弟）、苏洵、姚子张、焦伯强六人，以“黯然消魂惟别而已”分韵作诗，苏洵得“而”字押韵作诗，王安石又作两首押“而”字的诗。遗憾的是苏洵之诗没能留传下来，据龚颐正在《芥隐笔记》中记载，唯存有“谈诗究乎而”这么一句，与唐代崔信明为吴江留有孤句“枫落吴江冷”堪为如出一辙。好在王安石的“而”字诗留传下来了，清乾隆《吴江县志》上刊载了《送裴如晦即席分题三首》，其中两首即是押“而”韵，中有“采鲸抗波涛，风作鳞之而”和“傲兀何宾客，两忘我与而”之句，后人评之为“最为工”。随之，“春风垂虹亭，一杯湖上持”“行不顾斗米，自与五湖期”“还当捕鲈鱼，载酒与我期”等深情吟咏垂虹亭、太湖、吴江鲈鱼的诗句也传了下来。

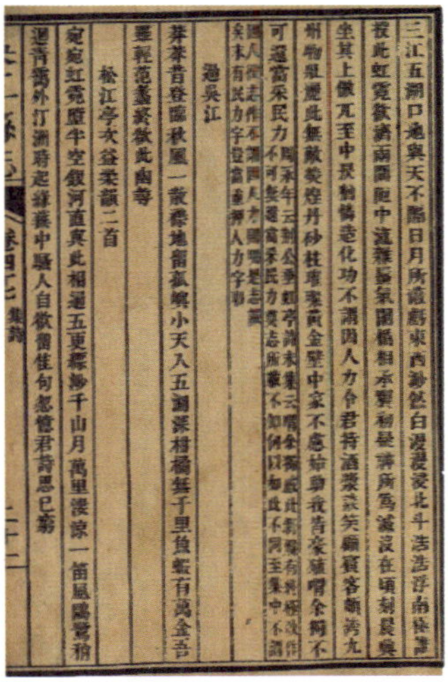
三江五湖口地與天不隔日月所蔽虧東西渺然白漫漫浸北斗浩浩浮南極誰
投此虹霓欲濟兩間阨中流雜蜃氣闌楯相承翼初疑神所為滅沒在頃刻晨興
坐其上傲兀至中昃猶憐變化功不謂因人力[illegible]

過吳江

莽莽青登臨秋風一散靡地留孤嶼小天入五湖深柑橘無千里魚蝦有萬金吾
畢輕范蠡終欲此尋

松江亭次益柔韻二首

宛宛虹霓墮半空銀河直與此相通五更縹渺千山月萬里淒涼一笛風鷗鷺稍
迴青靄外汀洲時起綠蕪中騷人自欲留佳句忽憶君詩思已窮

◎清乾隆《吴江县志》载王安石《松江亭次益柔韵》二首

龙图阁直学士、秘书监王益柔作了《松江亭》二首，王安石遂和《松江亭次益柔韵》二首，其一为：

宛宛虹霓堕半空，银河直与此相通。

五更缥渺千山月，万里凄凉一笛风。

鸥鹭稍回青霭外，汀洲时起绿芜中。

骚人自欲留佳句，忽忆君诗思已穷。

把垂虹桥的壮美景色比作“宛宛虹霓堕半空，银河直与此相通”的人间仙境。

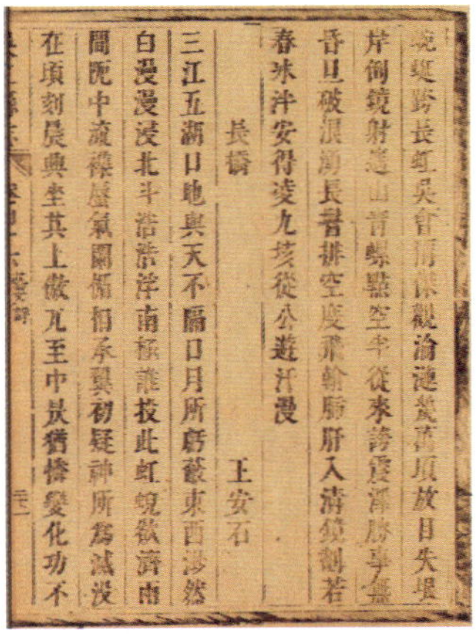
[illegible]春冰泮安得凌九垓從公遊汗漫

長橋　王安石

三江五湖口地與天不隔日月所蔽虧東西渺然
白漫漫浸北斗浩浩浮南極誰投此虹蜺欲濟兩
間阨中流雜蜃氣闌楯相承翼初疑神所為滅沒
在頃刻晨興坐其上傲兀至中昃猶憐變化功不

◎清康熙《吴江县志》载王安石《长桥》诗

王安石吟咏垂虹桥的诗中最为有名的，当数《长桥》这一首，全诗为：

三江五湖口，地与天不隔。

日月所蔽亏，东西渺然白。

漫漫浸北斗，浩浩浮南极。

谁投此虹霓？欲济两间阨。

中流杂蜃气，阑楯相承翼。

初疑神所为，灭没在顷刻。

晨兴坐其上，傲兀至中昃。
犹怜造化功，不谓因人役。
令君持酒浆，谈笑顾宾客。
颇夸九州物，壮丽此无敌。
荧煌丹砂柱，璀璨黄金壁。
中家不虑始，助我皆豪殖。
喟余独感此，剥烂有终极。
改作不可无，还当采民力。

诗中把垂虹桥的地理位置、建筑特色和南北交通的重要作用写得清清楚楚。说他自己“晨兴坐其上，傲兀至中昃”“令君持酒浆，谈笑顾宾客”，在垂虹桥上从早晨坐到中午，并与宾客聚饮。“颇夸九州物，壮丽此无敌”，这两句则对垂虹桥作了极高的评价。

郑獬与垂虹桥

郑獬（1022—1072），字毅夫，号云谷，江西宁都人，其祖父前往安州安陆（今属湖北）经商，遂寄居于此。少负隽才，词章豪伟，宋仁宗皇祐五年（1053）状元及第，神宗时为翰林学士。著有《郧溪集》《宋史艺文志》。

◎郑獬像

郑獬写垂虹桥的诗虽然只有一首，但影响颇广，诗为《新桥》：

三百阑干锁画桥，行人波上踏灵鳌。
插天蝃蝀玉腰阔，跨海鲸鲵金背高。
路直凿开元气白，影寒压破大江豪。
此中自与银河接，不必仙槎八月涛。

诗题中的“新桥”，指垂虹桥，因郑獬写此诗时，垂虹桥刚修成。

郑獬曾在杭州当知府，后来移职青州，路上经过吴江垂虹桥，感受到了该桥的气势，遂写下了这首诗寄给朋友，故此诗又名《题垂虹桥寄同年叔楙秘校》。

诗中的“灵鳌”，为神话传说中的巨龟，以此喻桥；“蝃蝀”，为虹的别名，借指桥；“鲸鲵”，即鲸，雄曰鲸，雌曰鲵，也喻桥；“仙槎”，神话中能来往于海上和天河之间的竹木筏。

首联中的“三百阑干”，为约数，垂虹桥于宋庆历八年（1048）建成，其时为木结构，桥孔最多时有99孔，其阑干（栏杆）当然颇多。关于颔联，南宋文学家胡仔在《苕溪渔隐丛话》一书中写到了吴江垂虹桥三名联，其第三联即是郑獬《新桥》诗中的颔联：“插天螮蝀玉腰阔，跨海鲸鲵金背高”。

颈联中的“元气”，似指天地未分前的混沌之气；“大江”，指垂虹桥下流淌的吴淞江，古称吴江、松江等。尾联说垂虹桥下之水与天上的银河相接，去之不必借助八月大涛而划筏子，想象颇为丰富，甚具浪漫色彩。

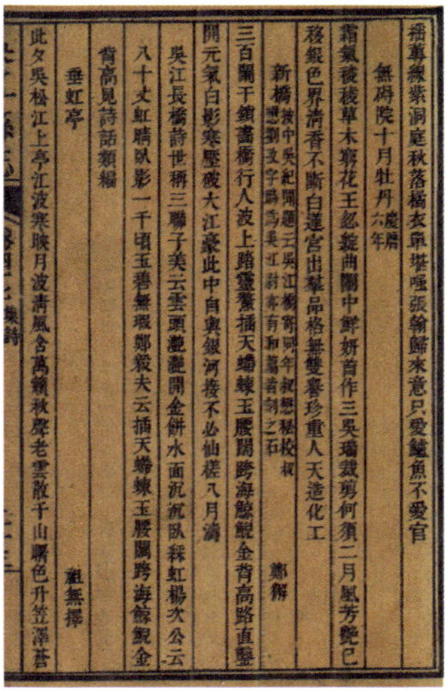
揺尊綠紫洞庭秋落橘衣皐擧唾張翰歸來意只愛鱸魚不愛官
無碍院十月牡丹 慶曆六年
霜氣稜稜草木窮花王忽旋曲闌中鮮妍首作三吳瑞裁剪何須二月風芳艷已
移銀色界清香不斷白蓮宮出羣品格無雙譽珍重人天造化工
新橋 按中吳紀聞題云吳江橋慶曆八年叔懸秘校劉文字爲吳江尉寄和篇者刻之石 鄭獬
三百闌干鎖畫橋行人波上踏靈鼇插天螮蝀玉腰闊跨海鯨鯢金背高路直鑿
開元氣白影寒壓破大江豪此中自與銀河接不必仙槎八月濤
吳江長橋詩世稱三聯子美云雲頭灔灔開金餅水面沉沉臥綵虹楊次公云
八十丈虹晴臥影一千頃玉碧無瑕鄭毅夫云插天螮蝀玉腰闊跨海鯨鯢金
背高見詩話類編
垂虹亭 龍無擇
此夕吳松江上亭江波寒賸月波清風含萬籟秋聲老雲散千山曙色升笠澤茫

◎清乾隆《吴江县志》载郑獬诗《新桥》

苏轼与友相聚垂虹桥

北宋大文豪苏轼曾不止一次与友朋相聚在垂虹桥上。从苏轼所著的《东坡志林》上悉知，熙宁七年（1074），苏东坡从杭州去山东高密，与杨元素同舟，路过吴江，与张先、陈令举、刘孝叔、李公择等人共游吴淞江，夜半月出之时，置酒垂虹桥桥心的垂虹亭里。皎洁的月色之下，苏轼与友人们对酒当歌，沉醉欲眠，朦胧恍惚之中，诗兴才情大发。当时，以填词闻名的张先已八十五高龄，但兴致不输少年，当场作了一首《定风波令》，获得一片喝彩之声。

七年之后，即元丰四年（1081），苏东坡在湖北黄州为官，时张先、陈令举、刘孝叔都已作古，而吴江的垂虹桥亭，苏轼得悉在那年夏天因“海风驾潮，平地丈余”，而“荡尽无复孑遗”。苏轼夜坐在黄州的临皋亭里，“追思曩时”，真觉是一梦耳。

另一次，苏轼与秦观、释道潜相会于吴淞江畔，正巧关彦长、徐安中也到吴江，聚宴于垂虹亭，饮酒畅谈后分韵作诗。对此，吴江方志上虽未有文字记载，但刊载了苏轼、秦观、道潜等人的诗作。

苏轼分得“风”韵，写下了七律《与秦太虚、参寥会于松江，而关彦长、徐安中适至，分韵得风字二首》，其一为：

吴越溪山兴未穷，又扶衰病过垂虹。

浮天自古东南水，送客今朝西北风。
绝境自忘千里远，胜游难复五人同。
舟师不会留连意，拟看斜阳万顷红。

其二为：

二子缘诗老更穷，人间无处吐长虹。
平生睡足连江雨，尽日舟横擘岸风。
人笑年来三黜惯，天教我辈一尊同。
知君欲写长相忆，更送银盘尾鬣红。

诗题中的“秦太虚”，即是秦观，字少游，一字太虚，号淮海居士，别号邗沟居士，高邮（今属江苏）人，是苏门四学士之一，有《淮海集》《淮海居士长短句》；“参寥”，指诗僧道潜，本姓何，字参寥，赐号妙总大师，於潜（今属浙江杭州市临安区）人，自幼出家，与苏轼诸人交好，苏轼谪居黄州时，他曾专程前去探望，元祐中，住杭州智果禅院，因写诗语涉讥刺，被勒令还俗，后得平反，复削发为僧，著有《参寥子诗集》；“关彦长”指关景仁，字子开，一字彦长，钱塘（今浙江杭州）人，一说越州（今浙江绍兴）人，仁宗嘉祐四年进士，多能，尤长于诗；“徐安中”，当时诗人，与苏轼交往，苏轼有《与徐安中》书，中有句云“宛丘春物颇盛，牡丹不减洛阳”，赞美陈州的牡丹。

诗中的“三黜”，指苏轼曾被三次罢官。从诗中不难看出苏轼感叹自己官场失意和身体欠佳的境况。

苏辙步兄后尘咏垂虹

◎苏辙像

苏轼之弟苏辙对吴江也是蛮有情缘的。先来了解下苏辙的生平。苏辙生于1039年，卒于1112年，字子由，号颍滨遗老，眉州眉山（今属四川）人，“唐宋八大家”之一，与父苏洵、兄苏轼合称“三苏”。嘉祐进士，初授试秘书省校书郎，历官御史中丞、尚书右丞等，后遭数贬，以太中大夫致仕。去世后，追复端明殿学士、宣奉大夫。后累赠太师、魏国公，追谥“文定”。其诗力图追步苏轼，风格淳朴无华。亦善书。著有《栾城集》

等行于世。

苏辙的诗力图追步苏轼，在其为吴江写诗上好像也是亦步亦趋的。吴江有一位寓贤，名叫李无晦，字行中，从浙江雪川迁徙至吴江居住，“高尚不仕，放意诗酒”，《中吴纪闻》中说他“诗意尚深远”，晚年醉心于园亭，在松江（今吴淞江）畔上建了一亭，名醉眠亭。苏轼为这醉眠亭写了三首七绝，是为：

已向开中作地仙，更于酒里得天全。
从教世路风波恶，贺监偏工水上眠。

君且归休吾欲眠，人言此语出天然。
醉中对客眠何害，须信陶潜未若贤。

孝先风味也堪怜，肯为周公昼日眠。
枕曲先生犹笑汝，枉将空腹贮遗编。

苏辙也不示弱，写了一首题为《寄题醉眠亭》的七律：

是非一醉了无馀，唯有胸中万卷书。
已把人生比蘧传，更将江浦作阶除。
欲眠宾客从教去，倒卧氍毹岂服舒。
京洛旧游真梦里，秋风无复忆鲈鱼。

诗中的“蘧传”指驿车和驿站所设供行人休息的房舍；“阶除”，即台阶；“氍毹”，毛织的布或地毯，旧时演戏时多用来铺在地上，故常借指舞台。诗的最后，写到了西晋时吴江的张翰，人在洛阳，但思念家乡的鲈鱼，遂弃官归乡。

写垂虹桥的诗，据明清吴江方志载，苏轼有《与秦太虚、参寥会于松江，而关彦长、徐安中适至，分韵得风字二首》，均为七律。苏辙也写有一首七律，诗题即为垂虹桥的别名《长桥》（一名《新桥》，因苏辙写垂虹桥时，此桥落成不久），是为：

六月长桥断不收，朱阑初喜映春流。
虹腰宛转三百尺，鲸背参差十五舟。
入市樵苏看络绎，归家盐酪免迟留。
病夫最与民同喜，卯酒匆匆无复忧。

诗中的“樵苏”，本指砍柴刈草之人，也指柴草，引申指日常生计；“卯酒”，早晨喝的酒。诗中将垂虹桥比喻为“虹腰”，将“鲸背”比喻为垂虹桥桥下之水（松江），可见苏辙对垂虹桥的爱怜之情。

道潜靠“岸”咏垂虹

道潜（1043—1102），宋代诗僧，俗姓何，於潜（今浙江临安）人。初名昙潜，苏轼在杭州为官时，爱其诗，为他更名为道潜，使其居住在智果寺，后号参寥子。苏轼南贬，道潜牵连得罪，责令还俗。建中靖国（1101）初，诏复削发出家为僧。崇宁年间（1102—1106），赐号妙总大师。所作《临平道中》一诗颇为有名，有《参寥子诗集》。

据载，苏轼第二次来吴江垂虹桥时，与道潜、秦观相会于吴淞江畔，正巧关彦长、徐安中也到吴江，聚宴于垂虹亭，饮酒畅谈后分韵作诗。对此，吴江方志上刊载了苏轼、道潜、秦观等人的诗作。

苏轼分得“风”韵，写下了七律《与秦太虚、参寥会于松江，而关彦长、徐安中适至，分韵得风字二首》；秦观分得浪字，作了《与子瞻松江得浪字》。苏轼诗题中的“参寥”，即指道潜。在这次分韵作诗中，道潜分得“岸”字，作了《与子瞻松江得岸字》一诗，为：

蜿蜒夸长虹，吴会称杰观。
沦涟几万顷，放目失垠岸。
倒镜射遥山，青螺点空半。
从来夸震泽，胜事无昏旦。
破浪涌长鬐，排空度飞翰。
肺肝入清境，划若春冰泮。
安得凌九垓，从公游汗漫。

道潜在诗中称垂虹桥为“吴会杰观”；诗中的“震泽”，即吴淞江的源头太湖，道潜将之胜景描绘得出神入化。

浏览清乾隆《吴江县志》，还可见到道潜所作题

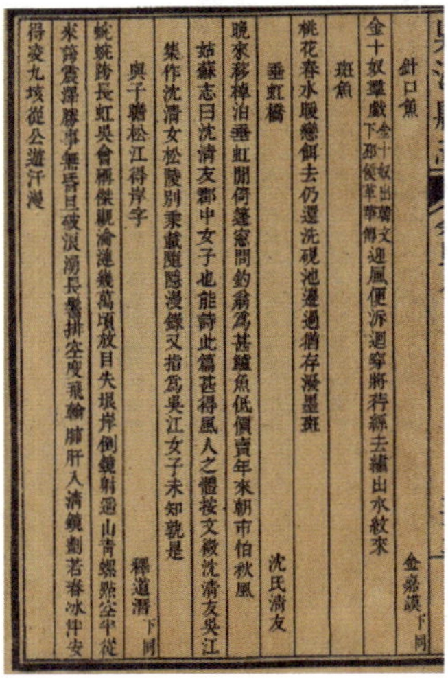
針口魚 金嘉謨 下同
金十奴羣戲 金十奴出篝文下邵僕革帶傳 迎風便泝迴穿將荇絲去擷出水紋來
斑魚
桃花春水暖戀餌去仍還洗硯池邊過猶存潑墨斑
垂虹橋 沈氏清友
晚來移棹泊垂虹開向篷窗問釣翁爲甚鱸魚低價賣年來朝市怕秋風
姑蘇志曰沈清友郡中女子也能詩此篇甚得風人之體按文徵沈清友吳江
集作沈清女松陵別乘戴隨隱漫錄又指爲吳江女子未知孰是
與子瞻松江得岸字 釋道潛 下同
蜿蜒跨長虹吳會稱傑觀淪漣幾萬頃放目失垠岸倒鏡射遥山青螺點空半從
來誇震澤勝事無昏旦破浪湧長鬐排空度飛翰肺肝入清鏡劃若春冰泮安
得凌九垓從公遊汗漫

◎清乾隆《吴江县志》载释道潜《与子瞻松江得岸字》诗

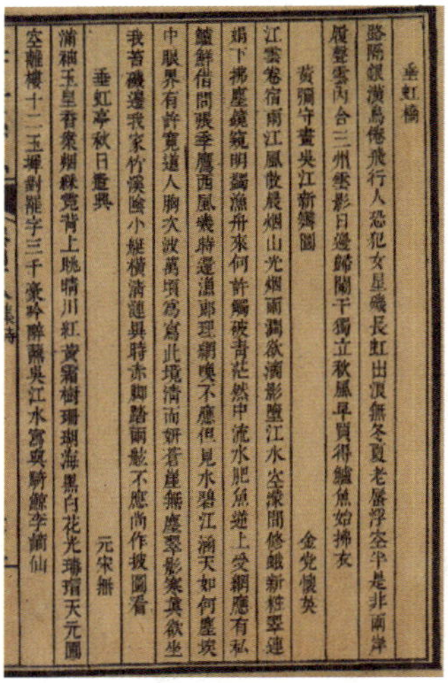
垂虹橋
路隔銀潢烏鵲飛行人恐犯女星機長虹出浪無冬夏老蜃浮空半是非兩岸
殷雷雲內合三州雲影日邊歸闌干獨立秋風早貿得鱸魚始拂衣
黄犢守畫吳江新霽圖 金光懷英
江雲卷宿雨江風散晨烟山光烟雨濕欲滴影墮江水空濛間修蛾新粧翠連
娟下拂塵鏡窺明粼漁舟來何許觸破青茫然中流水肥魚逆上受網應有私
鱸鮮借問張季鷹西風幾時還道那理網嘆不應但見水碧江涵天如何塵埃
中眼界有許寬道人胸次波萬頃爲寫此境清而妍蒼崖無塵翠影寒真欲坐
我苔磯邊我家竹溪險小艇横清漣與時赤脚踏蘚髮不應尚作披圖看
垂虹亭秋日登興 元宋無
滿袖玉皇香彙蝴蝶背上眺晴川紅黃霜樹珊瑚海黑白花光瑇瑁天元圖
空離樓十二玉嬋娟雁字三千象吟醉蘇吳江水寓與騎鯨李謫仙

◎清乾隆《吴江县志》载道潜《垂虹桥》

为《垂虹桥》的诗：

路隔银潢鸟倦飞，行人恐犯女星矶。
长虹出浪无冬夏，老蜃空浮半是非。
两岸履声云内合，三州云影日边归。
阑干独立秋风早，买得鲈鱼始拂衣。

诗中的“银潢”，指天河，即银河；“三州”，指环绕太湖的江苏苏州、常州和浙江湖州。这首诗颇具浪漫色彩，尤其是颈联，吴淞江“两岸”的“履声”在“云内”相“合”，太湖“三州”的“云影”在“日边”“归”聚。由此看来，道潜的诗确实写得好，难怪当年苏轼要爱其诗了。这首诗的最后，归结到了张翰的“思鲈”典故，秋风吹来了，在垂虹桥下买到了鲈鱼，好拂衣了。

秦观迎“浪”咏垂虹

◎秦观像

秦观（1049—1100），北宋词人，字少游、太虚，号淮海居士，高邮（今属江苏）人。曾任秘书省正字，兼国史院编修官等职。因政治上倾向于旧党，被视为反对变法的元祐党人，宋哲宗赵煦绍圣后累遭贬谪。文辞为苏轼所赏识，是苏门四学士之一（另三学士为黄庭坚、晁补之和张耒）。工诗词，词多写男女情爱，也有感伤身世之作，风格委婉含蓄，清丽雅淡，诗风与词相近。有《淮海集》《淮海居士长短句》。

据载，苏轼第二次来吴江垂虹桥时，即与秦观、释道潜相会于吴淞江畔，正巧关彦长、徐安中也到吴江，聚宴于垂虹亭，饮酒畅谈后分韵作诗。对此，吴江方志上刊载了苏轼、秦观、道潜等人的诗作。

苏轼分得“风”韵，写下了七律《与秦太虚、参寥会于松江，而关彦长、徐安中适至，分韵得风字二首》，诗题中的“秦太虚”，即是秦观。在这次分韵作诗中，秦观分得浪字，作了《与子瞻松江得浪字》，全诗为：

松江浩无旁，垂虹跨其上。
漫然衔洞庭，领略非一状。

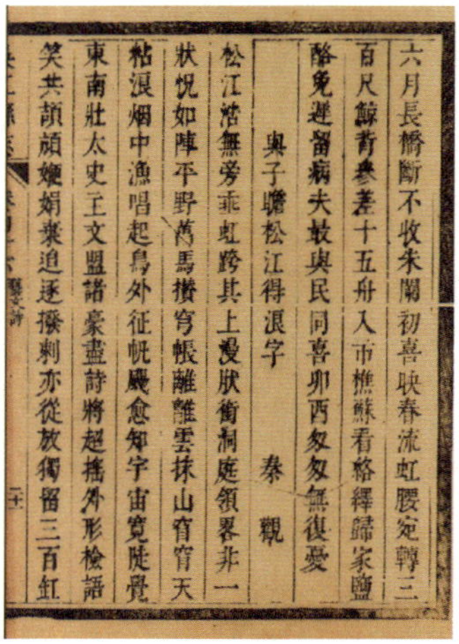

六月長橋斷不收朱闌初喜映春流虹腰宛轉三
百尺鯨背參差十五舟入市樵蘇看絡繹歸家鹽
酪免遲留病夫最與民同喜卯酉匆匆無復憂
與子瞻松江得浪字　秦觀
松江浩無旁垂虹跨其上漫然銜洞庭領略非一
狀恍如陣平野萬馬攢穹帳離離雲抹山窅窅天
粘浪烟中漁唱起鳥外征帆颺愈知宇宙寬陡覺
東南壯太史主文盟諸豪盡詩將超搖外形檢語
笑共頡頏嬛娟棄追逐撥剌亦從放獨留三百缸

◎清康熙《吴江县志》载秦观《与子瞻松江得浪字》诗

恍如陈平野，万马攒穹帐。
离离云抹山，窅窅天粘浪。
烟中渔唱起，鸟外征帆飏。
愈知宇宙宽，陡觉东南壮。
太史主文盟，诸豪尽诗将。
超摇外形检，语笑共颉颃。
嬛娟弃追逐，拨刺亦从放。
独留三百缸，聊用沃轩旷。

诗题中的“子瞻”，是苏轼的字；诗中的“太史”，也指苏轼，因苏轼曾任直史馆的官职，故世人尊称苏轼为苏太史。秦观的诗，将吴淞江、垂虹桥和太湖的壮丽景色跃然纸上。

米芾《吴江垂虹亭作》帖

米芾（1051—1107），北宋书画家、诗人，初名黻，字元章，号襄阳漫士、海岳外史等，世居太原（今属山西），迁襄阳（今属湖北），后定居润州（今江苏镇江）。宋徽宗召为书画学博士，曾官礼部员外郎，人称米南宫，因举止“颠狂”，人称米颠。他能诗文，擅书画，也精鉴别。

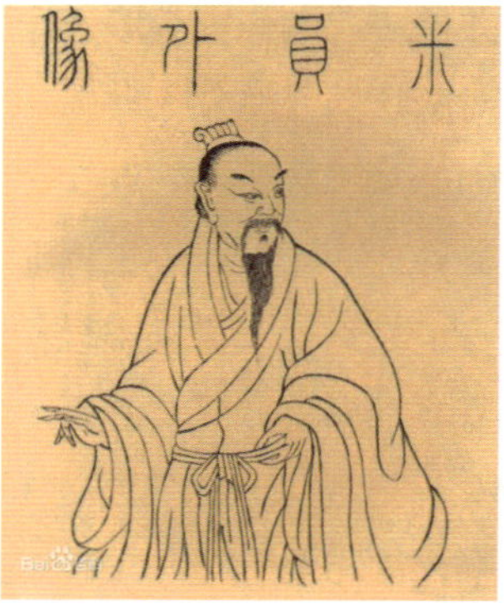

◎米芾像

在历代诗人吟咏吴江垂虹桥的数百首诗词中，米芾的《吴江垂虹亭作》是流传最广的作品之一，全诗为：

断云一片洞庭帆，玉破鲈鱼霜破柑。
好作新诗继桑苎，垂虹秋色满东南。

后此诗制成了《吴江垂虹亭作》帖。此帖采自《蜀素帖》。《蜀素帖》是北宋书法家米芾于元祐三年（1088）创作的行书绢本墨迹书法作品，现收藏于台北故宫博物院。《蜀素帖》为作者在蜀素上书其所作各体诗八首而成，其作品内容即为当

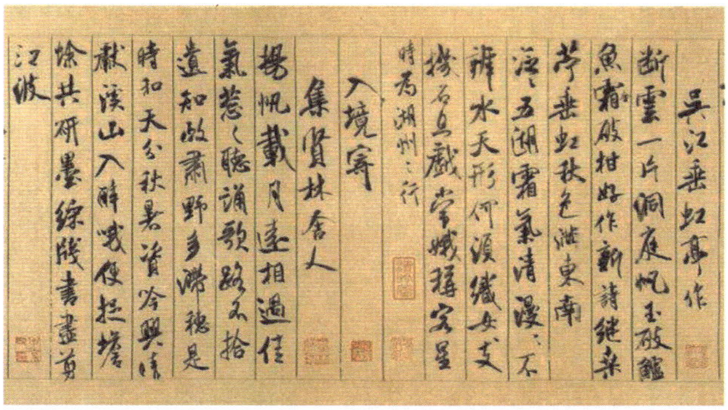

◎《蜀素帖》（局部）

时的游记和送行之作。其艺术风格则以和谐变化为准则，天真自然为旨归，通体笔法跳荡精致、结体变化多端、笔势沉着痛快。《蜀素帖》被后人誉为“中华第一美帖”，是“中华十大传世名帖”之一，人称“天下第八行书”。《吴江垂虹亭作》即是该帖中八首诗之一。

当年吴江垂虹桥桥心之亭垂虹亭中的米芾《吴江垂虹亭作》诗碑，即按此帖镌刻。1967 年 5 月垂虹桥坍塌后，残桥与垂虹亭均被拆除，原碑下落不明。

王希孟《千里江山图》中的长桥

北京故宫博物院藏有一幅名为《千里江山图》的绢本设色画，是我国十大传世名画之一，其作者是北宋的王希孟。

王希孟（1096—1119？），北宋宫廷画家，政和年间（1111—1118）为宫中“画学”生徒，初未甚工，当时宋徽宗赵佶是“画学”老师。后王希孟召入禁中文书库，曾奉事赵佶左右，赵佶慧眼独具，认为“其性可教”，于是亲授其法，经赵佶指点笔墨技法，画艺精进，其画遂超越矩度。政和三年四月，王希孟用了半年时间绘成

◎《千里江山图》（局部）

名垂千古的鸿篇杰作《千里江山图》卷，时年仅十八岁。可惜的是，他没隔几年就英年早逝。

《千里江山图》以长卷形式，立足传统，画面细致入微，烟波浩渺的江河、层峦起伏的群山构成了一幅美妙的江南山水图，渔村野市、水榭亭台、茅庵草舍、水磨长桥等静景穿插捕鱼、驶船、游玩、赶集等动景，动静结合，恰到好处。

画卷中有一个醒目的公共设施，是前半段中的长桥，宛如一道彩虹，颇为壮观。长桥横跨开阔的江面，为一座巨大的木构梁柱式亭桥，桥身以三根柱子并列上架横梁为一组构架，全桥33组构架，共32孔。每孔架木梁，铺木板，连成桥面，两侧加木栏杆。桥面自两岸华表处向中央逐渐升高，形成一条优美的曲线。桥的中间有重檐攒尖顶的十字形亭子，结构奇特，舟船可从增高的桥中部通过。廊阁下层接近水面，可作码头。亭为二层，有楼梯相通。二层楼阁除用作桥的通道外，还是商家设肆之所，摆着桌椅，以供行人休憩观景。

据中国工程院院士、建筑历史学家傅熹年先生所撰的《王希孟〈千里江山图〉中的北宋建筑》一文考证，画中的长桥极可能参考了苏州吴江利往桥（即垂虹桥）的形象。傅先生在文中写道："这种巨大规模的长桥在宋代文献中屡见记载，其中最著名的是苏州南面的吴江利往桥。北宋朱长文《吴郡图经续记》说：'吴江利往桥，庆历八年，县尉王廷坚所建也。东西千余尺，用木万计。萦以修栏，甃以净甓，前临具区，横截松陵，湖光海气，荡漾一色，乃三吴之绝景也。'此桥在当时极负盛名，很多大文学家如苏舜钦、王安石都歌咏过它，在大书法家米芾的真迹《蜀素帖》《头陀寺碑跋尾》中都提到过它。"傅先生认为，苏舜钦所说"长桥跨空古未有"是宋代工程技术上的新成就。《千里江山图》采用北方山水画派的图式，画中的长桥却与南方的利往桥和桥上的垂虹亭相似，水边景色也是江南风光。这既体现了宋徽宗崇尚江南文化的审美趣味，也体现了"地不分南北"的国家地理概念。

我国第一座长江大桥——武汉长江大桥建成做出重要贡献的著名桥梁专家唐寰澄先生也在他的代表作《中国古代桥梁》中写道："北宋天才画家王希孟的《千里江山图》中有数座桥梁，以长桥最为突出，有很高的艺术价值……文献所载北宋时吴江利往桥，也是木构长桥，桥上有亭曰垂虹……据研究，王希孟画中的长桥可能就是利往桥的写照。"

当然，王希孟的《千里江山图》系艺术作品，不能等同于实景写照，但它与南宋无名氏《长虹卧波图》、明代沈周《垂虹暮色图》、唐寅《垂虹别意图》等诸多美术作品一样，不失为当代人们了解古代垂虹桥的珍贵资料。

南宋词人与垂虹桥

叶梦得与垂虹桥

叶梦得（1077—1148），南宋文学家，字少蕴，号肖翁、石林居士，原籍吴县（今苏州市吴中区），居住乌程（今浙江湖州）。绍圣年间进士。其词风格接近苏轼，也能诗。

◎叶梦得像

叶梦得与吴江颇有因缘。震泽古镇原有八景，其中之一为“普济钟声”，这“普济”指的是镇西的普济寺，初建于宋元丰元年（1078），该寺以钟声、古柏、石刻此“三绝”闻名，而这寺庙最早的一篇记便是由叶梦得所作。翻看平望、震泽等镇的镇志，都节录着叶梦得《避暑录话》中语：“……今平望、八坼、震泽之间，水弥漫而极浅，与太湖相接而非太湖，积潦暴至无以泄之则溢而害田，所以谓之震，蒲鱼莲芡之利，人所资者甚广，亦或可堤而为田，与太湖异，所以谓之泽……”

对于吴江的垂虹桥，叶梦得当然也不会吝惜其笔墨，既有诗，又有词。其诗为《长桥》：

长桥跨空水弥漫，北望吞天去无岸。
洞庭自涌东西山，惊涛忽起行人断。
禹功千载在坤舆，东南大浸惟五湖。
如何敌来不少限，铁马万骑翻长驱。

从此诗的首联中，可知宋代时的垂虹桥离太湖很近，且桥周围水面宽广，吴淞江连接着太湖，故“跨空水弥漫”“吞天去无岸”。阅看此诗的尾联“如何敌来不少限，铁马万骑翻长驱”，与作者曾“致力于防务及军饷供应”是一脉相承的。

叶梦得为垂虹桥填的词是《念奴娇·中秋宴客有怀壬午岁吴江长桥》：

洞庭波冷，望冰轮初转，沧海沈沈。万顷孤光云阵卷，长笛吹破层阴。汹涌三江，银涛无际，遥带五湖深。酒阑歌罢，至今鼍怒龙吟。

回首江海平生，漂流容易散，佳会难寻。缥缈高城风露爽，独倚危槛重临。醉倒清樽，姮娥应笑，犹有向来心。广寒宫殿，为予聊借琼林。

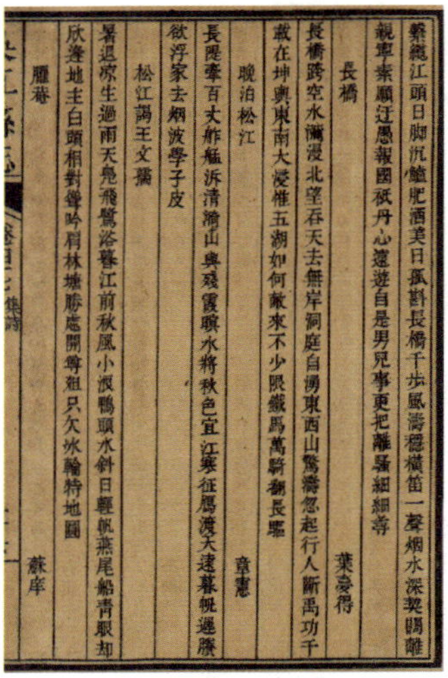
繫纜江頭日脚沉鱸肥酒美日孤斟長橋千步風濤穩橫笛一聲烟水深契闊離
親卑素願迂愚報國祇丹心遠遊自是男兒事更把離騷細細尋
長橋　葉夢得
長橋跨空水彌漫北望吞天去無岸洞庭自湧東西山驚濤忽起行人斷禹功千
載在坤輿東南大浸惟五湖如何敵來不少限鐵馬萬騎翻長驅
晚泊松江　章憲
長隄率百丈舴艋泝清漪山輿殘霞暝水將秋色宜江寒征鴈渡大逵暮帆遲滕
欲浮家去烟波學子皮
松江謁王文孺
暑退涼生過雨天鳧飛鷺浴暮江前秋風小艇鴨頭水斜日輕帆燕尾船青眼却
欣逢地主白頭相對聳吟肩林塘勝處開尊俎只欠冰輪特地圓
雁蕩　蘇庠

◎清乾隆《吴江县志》载叶梦得《长桥》

词的上阕写了太湖和三江的景色，“汹涌三江，银涛无际，遥带五湖深”等句，颇有苏轼词的豪放气概，散发着叶梦得特有的“逸气”。下阕回首往事，感叹“漂流容易散，佳会难寻”“姮娥应笑，犹有向来心”“广寒宫殿，为予聊借琼林”则充分展现了作者浪漫主义的写作手法。词中写到垂虹桥的笔墨似乎只有“独倚危槛重临”这一句，殊不知，不管是写太湖三江之景，还是感叹抒怀，这一切都是在“吴江长桥”上所见而发的。

另，叶梦得还有一首词，为《永遇乐·寄怀张敏叔、程致道》，虽不是专写垂虹桥的，但中有词句写到了垂虹桥，是为“传声试问，垂虹千顷，兰棹有谁重驻”，表达了他对垂虹桥的丝丝挂念之情。

张元干与垂虹桥

张元干（1091—约 1170），南宋词人，字仲宗，号芦川老隐，真隐山人，长乐（今属福建）人。靖康元年（1126），李纲任亲征行营使抗金时，曾为属官。官至将作少监。秦桧当权时辞官南归。后因作词赠送主战派胡铨，触怒秦桧，削除官籍。其词风格豪迈，送胡铨和寄李纲的《贺新郎》词，对中原被金占领，朝廷苟且偷安表现了强烈的悲愤之情，是南宋词中的名作。又能诗。有《芦川归来集》《芦川词》。

翻阅清乾隆《吴江县志》，上载张元干登《垂虹亭二首》，第一首为：

一别三吴地，重来二十年。
疮痍兵火后，花石稻粱先。
山暗松江雨，波吞震泽天。
扁舟莫浪发，蛟鳄正垂涎。

第二首为：

熠熠流萤火，垂垂饮倒虹。
行云吞皎月，飞电扫长空。
壮观江边雨，醒人水上风。
须臾风雨过，万事笑谈中。

◎张元干像

张元干这两首诗作于宋建炎三年（1129）。这年春天，金兵大举南侵，宋高宗赵构一路奔逃，长江北面大部分地区失守。到了秋天，局势稍安，张元干来到吴地，登垂虹桥上的垂虹亭，这已是他二十年后重游故地了。于是感叹时事，作了这两首诗。其中第一首抒发了他旧地重游之感和忧念时艰之情。颔联中的“疮痍兵火”正是指金兵南下，尾联中的“蛟鳄”也隐喻着时时威胁着南宋河山的金兵。

第二首的首联写垂虹亭周围雨后的环境和垂虹桥的气势。亭子周围星星点点的萤火虫光在熠熠闪亮，月光下，垂虹桥似一条从天而降的长虹在俯首吸饮着吴淞江水。颔联写天气突变，乱云四起，吞没了皎洁的明月，阵阵闪电划破了长空。颈联着力描写了江边壮观的雨景和观赏雨景的豪兴。尾联由景及情，抒写雨后诗人的欣喜心态。风雨过后，依然是云散月明，天宇澄清，万事没有什么值得忧愁的，都可以将之付于笑谈之中，蕴含了诗人盼望国难早除、天下太平的心情。

张元干写垂虹桥的词有好几首。先来看《念奴娇·代洛滨次石林韵》这一首：

吴松初冷，记垂虹南望，残日西沉。秋入青冥三万顷，蟾影吞尽湖阴。玉斧为谁。冰轮如许，官阙想寒深。人间奇观，古今豪士悲吟。

苍弁丹颊仙翁，淮山风露底，曾赋曲寻。老去专城仍好客，时拥歌吹登临。坐揖龙江，举杯相属，桂子落波心。一声猿啸，醉来虚簌千林。

词题中的“洛滨”，系富直柔，字季申，洛阳人，故号洛滨，北宋宰相富弼之孙，宋钦宗靖康初赐进士出身，绍兴元年（1131）同知枢密院事，为秦桧所忌，不久被罢职。“石林”，指南宋文学家叶梦得，字少蕴，号肖翁、石林居士。绍兴十三年，时任福州安抚使的叶梦得在福州宴客，张元干与友富直柔一起与会。席上，叶梦得赋《念奴娇·中秋宴客有怀壬午岁吴江长桥》一词，张元干即席代富直柔依原韵填此词。叶梦得原词记当年游吴江垂虹桥的情事，因此，张元干的和词也从垂虹桥写起。上阕描绘垂虹桥的湖光月色，意境辽阔，气象恢宏，将此桥称为“人间奇观”，引来“古今豪士悲吟”；下阕则赞美叶梦得的风度雅致。

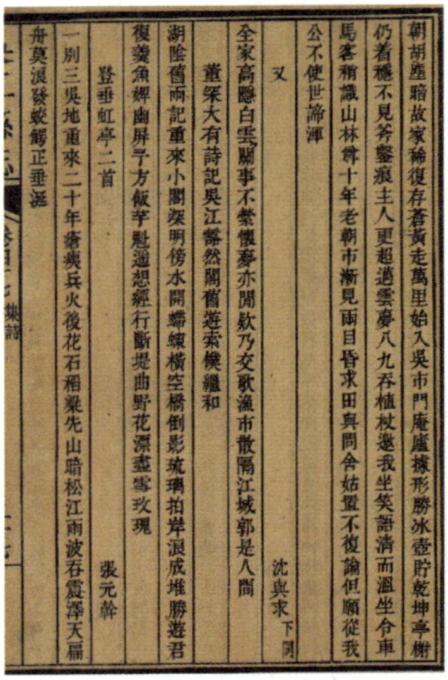
朝湖塵暗故家稀復存蒼黃走萬里始入吳市門庵廬擁形勝冰壺貯乾坤亭榭仍着穩不見斧鑿痕主人更超邁雲夢八九吞植杖邀我坐笑語清而溫坐令車馬客稍識山林尊十年老朝市漸見兩目昏求田與問舍姑置不復論但願從我公不使世論渾

又　沈與求 下同

全家高隱白雲關事不縈懷夢亦閒欸乃交歌漁市散隔江城郭是人間

董罙大有詩記吳江豁然閣舊遊索僕繼和

湖陰舊雨記重來小閣深明傍水開螮蝀橫空橋倒影琉璃拍岸浪成堆勝遊君復羹魚婢幽屏予方飯芋魁遙想經行斷堤曲野花漂盡雪玫瑰

登垂虹亭二首　張元幹

一別三吳地重來二十年瘡痍兵火後花石稻粱先山暗松江雨波吞震澤天扁舟莫浪發蛟鱷正垂涎

◎乾隆《吴江县志》载张元干《登垂虹亭》二首

张元干另有一首《念奴娇》，词题为《己卯中秋和陈丈少卿韵》，词中也多有描述垂虹桥之句，如上阕中的“垂虹望极，扫太虚纤翳，明河翻雪。一碧天光波万顷，涌出广寒宫阙。”下阕里则有“陶冶三高千古恨，赏我中秋清节”之句，写到了垂虹桥畔的三高祠，该祠祭祀古代三位高士，系春秋越国大夫范蠡、西晋文学家张翰和唐代文学家陆龟蒙。

张元干的《水调歌头·丁丑春与钟离少翁、张元鉴登垂虹》，与其诗《垂虹亭二首》一样，在题中就点明了写“垂虹”，此词为：

拄策松江上，举酒酹三高。此生飘荡，往来身世两徒劳。长羡五湖烟艇，好是秋风鲈鲙，笠泽久蓬蒿。想像英灵在，千古傲云涛。

俯沧浪，舌空旷，恍神交。解衣盘礴，政须一笑属吾曹。洗尽人间尘土，扫去胸中冰炭，痛饮读《离骚》。纵有垂天翼，何用钓连鳌。

此词对于吴地人特别是吴江人来说，读之甚感亲切，因为写的风物，诸如松江（吴淞江）、五湖（太湖）、鲈鲙等，都是吴地人太熟悉不过了。词中又写到了“三高”，可见这三位高士在诗人心目中的地位是相当高的，故要“举酒”而“酹”之。

此外，张元干的《青玉案》和《点绛唇》中也多有写垂虹桥之句，如“平生百绕垂虹路，看万顷、翻云去。山澹夕晖帆影度。菱歌风断，袜罗尘散，总是关情处。”又如“醉泛吴松，小舟谁怕东风大。旧时经过，曾向垂虹卧。”看来，张元干对垂虹桥的爱恋可谓一往情深，有着一份扯不断的情结。

林外题《洞仙歌》于垂虹

据清乾隆《吴江县志·卷五十六·杂录一》转引南宋中期诗人叶绍翁《四朝闻见录》记载，南宋绍兴年间（1131—1162），有一首《洞仙歌》题在吴江垂虹桥上，是为：

飞梁压水，虹影澄清晓。橘里渔村半烟草。今来古往，物是人非，天地里，唯有江山不老。

雨巾风帽。四海谁知我。一剑横空几番过。按玉龙、嘶未断，月冷波寒，归去也、林屋洞天无锁。认云屏烟障是吾庐，任满地苍苔，年年不扫。

◎林外像

此词没署姓名，其笔迹“龙蛇飞动”，真好像是不食人间烟火者所为，当时都传为八仙之一的吕洞宾所书。

这件事逐渐传到了朝廷上，宋高宗赵构看后大笑道：“是福州秀才所为也。”左右听了，忙问其所以然。赵构说：“以其用韵，乃是福建口音。”

隔了些日子，晓知此词真是福建士人林外所作。林外（1106—1170），宋代福建晋江人，字岂尘，号肇殷，绍兴三十年（1160），登进士，任兴化县令，作有著名的《题临安邸》，诗为：

山外青山楼外楼，西湖歌舞几时休？
暖风熏得游人醉，直把杭州作汴州！

此诗的作者，以前人们一直以为是“林升”，由于该诗最初刻于杭州西湖边的粉墙上，行草的“升”与“外”形体酷似，因此历代都误为“林升”并讹传下来。

当年，就是林外在一艘大船上，将《洞仙歌》词“仰而书于”垂虹桥上，“水天渺然，旁无来迹”，因此，“世人益神之”。

那么，宋高宗赵构怎知这首词是闽地士子所填呢？原来，赵构不仅懂词韵，也知闽地方言，此词所押之字为“晓、草、老、帽、扫”等字，同属词韵“上声十七筱、十八巧、十九皓，去声十八啸十九效二十号通用”，而也是押韵字的“锁”，福建人念“扫”，与“老”字“叶韵”也。

黄中辅题念奴娇词于垂虹桥上

据清乾隆《吴江县志·卷五十六·杂录一》转引明代王昌会《诗话类编》所载，南宋建炎年间（1127—1130），有称“中兴野人”者唱和苏东坡《念奴娇·赤壁怀古》的词题于吴江桥（即垂虹桥）上，词云：

炎精中否？叹人材委靡，都无英物。贼骑长驱三犯阙，谁作长城坚壁？万国奔腾，两宫幽陷，此恨何时雪？草庐三顾，岂无高卧贤杰？

天心眷我中兴，吾皇神武，踵曾孙发。河岳英灵俱效顺，狂贼会须灰灭？翠羽南巡，叩阍无语，徒有冲冠发。孤忠耿耿，剑锋冷浸秋月。

此词上阕抒发胡骑南侵，长驱直入，朝廷一味逃奔，不事抵抗，二帝被掳，不知雪耻的愤慨。下阕感慨国难当头，朝廷仍不知重用人才，使爱国志士废置，枉有忠心，报国无门，“徒有冲冠发”。全词气势磅礴，充分体现了词人的忧国之心和悲愤之情。

大家看了词都大加赞赏，但不知是何人所填。一日，宋高宗赵构巡师长江以南地区，路过吴江垂虹桥而观此词，下诏“物色其人”，但“不复见矣”。

后来，知晓这“中兴野人”是黄中辅（1110—1187），字槐卿，晚号细高居士，是抗金名将宗泽的外甥，浙江省义乌人。祖父黄景圭为金吾卫上将军，居浦江。父亲黄琳，迁居义乌。黄中辅生于宋大观四年（1110），幼承家学，崇尚气节，颇有胆识，才智过人。宋徽宗宣和七年（1125），金国开始发动对北宋的战争。朝廷急召宗泽到抗金前线磁州任知州。宗泽招募义军，抗击金兵。宋徽宗则慌忙把帝位让与其子赵桓（宋钦宗）。第二年，金兵进攻宋都汴京，掳去徽、钦二帝及几乎全部皇族，只留下一个时在相州的兵马大元帅康王赵构，后在应天府即帝位，改元建炎。

◎黄中辅像

宗泽受任东京留守，招募义军协助防守，联络八字军等部队，任用岳飞等为将，多次打败金兵，当时全国上下对金同仇敌忾，军民团结，士气高涨，正是北伐抗金、收复失地的大好时机。宗泽上疏请高宗回銮汴京，一连写了二十四道奏章，落到时在扬州宋高宗身边的主降派大臣黄潜善、汪伯彦手里，二人肆意攻击，百般阻挠，不让宋高宗回汴京主持抗金。宗泽见奸臣当道，复国无望，遂忧愤成疾去世，临死时，还念念不忘北伐，连呼三声“渡河！渡河！渡河！”

宗泽死后汴京不保，金兵长驱直入，渡江南下。黄中辅爱国心切，很想报效国家，苦于请缨无路。他得知舅父宗泽抱恨去世，表哥宗颖也赋闲在外，悲愤至极，遂写了上面这首题在吴江垂虹桥上的《念奴娇》词。黄中辅还于京师临安太平楼题句“快磨三尺剑，欲斩佞臣头。”对秦桧柄国、诬害忠良、粉饰太平、不思北进的行径作了淋漓尽致的揭露与鞭挞，其赤诚爱国、忠奸分明、不为苟合的气节为世人所重。

赵磻老与垂虹桥

黎里古镇入镇口石牌楼上有一副对联，为：

金镜漾波，揽桥吟曲，和柳公诗韵；

周祠焕采，桂苑飘香，扬磻老儒风。

下联中的“磻老”，即指赵磻老。

据清乾隆《吴江县志》、嘉庆《黎里志》等记载，赵磻老，字渭师，号拙庵，生于北宋宣和三年（1121），卒于庆元六年（1200），为北宋末年刑部尚书、翰林学士赵野之侄，其先祖山东东平人，以岳父、待制欧阳懋之泽入仕，南宋孝宗朝时为书状官，随名臣范成大出使金国。范成大归来后，把他推荐给丞相虞允文，虞允文亦以为才，荐之擢正言。乾道八年（1172），知楚州，不久，入为大理寺丞。淳熙三年（1176），由两浙转运副使知临安府。淳熙四年，任秘阁修撰。翌年，权工部侍郎以知临安，因遭殿司招兵之事连累，谪往饶州。后退隐，迁居吴江黎里。所著有《拙庵杂著》三十卷，《拙庵外集》四卷。

◎黎里东圣堂赵磻老雕像

赵磻老对于第二故乡黎里的贡献是巨大的，北宋时期，黎里尚是一个较大的村落。南宋初，许多北民迁徙来定居。赵磻老居黎里后，带领当地居民疏浚开挖市河，修筑驳岸河埠，使黎里升格为了市。因此，黎里百姓对他尊崇有加，他逝后，在镇东的东圣堂里，供奉他的雕像，至今尚存。

赵磻老到了黎里，对于邑中的第一名胜垂虹桥，当然也是熟稔的，故有友人写了中秋垂虹词，他即和之，可惜友人的原作已无存，但赵磻老的和词却传了下来，是为：

冰蟾驾月，荡寒光、不见层波浸碧。几岁中秋争得似，云卷秋声寂寂。多谢星郎，来陪贤令，快赏鳌峰极。广寒宫近，素娥不靳余力。

夜久露落琼浆，神京归路，有云翘前迹。当日仙人曾驭气，只学神交龟息。今夜清尊，一齐分付，稳是乘槎客。天津重到，霓裳何似闻笛。

词中的“冰蟾”，在传说中月宫里有一只三条腿的蟾蜍，古人认为是吉祥之物，遂把月宫称为蟾宫；“星郎”，典出《后汉书·明帝纪》，馆陶公主为儿子求取郎官之职，汉明帝不许，说郎官上与星宿相应，要出任主管地方政务，如有不称职，百姓就要遭殃，后称郎官为“星郎”；“鳌峰”，指江海中的岛屿。因如巨鳌背负山峰，故名；“素娥”，为嫦娥的别称；“云翘”，仙女名，相传为天宫里的女官；“乘槎客”，喻指游仙之人；“天津”，指天上的银河。

综观该词，语词清婉，“仙气”十足，通过冰蟾、层波、云彩、鳌峰、神京、天津等动静景物，素娥、云翘、乘槎客、星郎、贤令等虚实人物，辅以秋声、笛声，描绘了一幅出神入化的中秋垂虹夜色图。

词中的“星郎”，似在言说着词作者本人，星郎即郎官，在古代为议郎、中郎、侍郎、郎中等官员的统称，而赵磻老在朝时曾为工部侍郎，词中与“星郎”相对应的“贤令”，顾名思义是贤明之令，可能指的是当时的吴江县令。

张孝祥与垂虹桥

◎张孝祥像

张孝祥（1132—1170），南宋词人，字安国，号于湖居士，乌江（今安徽和县乌江镇）人，绍兴二十四年（1154）廷试第一。文章过人，其词风格豪迈，颇有感怀时事之作。有《于湖居士文集》《于湖词》。

浏览《全宋词》可见到张孝祥所填的《水调歌头·垂虹亭》：

舣棹太湖岸，天与水相连。垂虹亭上，五年不到故依然。洗我征尘三斗，快揖商飙千里，鸥鹭亦翩翩。身在水晶，真作驭风仙。

望中秋，无五日，月还圆。倚栏清啸孤发，惊起蛰龙眠。欲酹鸱夷西子，未办当年功业，空系五湖船。不用知馀事，莼鲙正芳鲜。

词中的“舣棹”，停船靠岸之意；“商飙”，商为中国古代五音之一，相当于简谱的“2”，古人把五音与四季相配，商音配秋，因以商指秋季，商飙指秋风；“鸱夷西子”，相传春秋时越国大夫范蠡辅佐勾践灭吴后，与西施隐居于五湖（太湖），自号“鸱夷子皮”，西子即西施。

词的上阕说词人五年前曾游太湖和垂虹亭，如今重来，见湖上水天一色，鸥鹭翻飞，风景如故。面对这美景，词人在想象中仿佛置身于水晶宫阙，成了驾驭长风的仙人。下阕说词人倚栏长啸，以至“惊起蛰龙眠”，以想象和夸张的手法强化了慷慨激昂的情绪。

通览全词，其吴越元素颇多，诸如太湖、垂虹亭、鸱夷西子、五湖船、莼鲙等，足见词作者虽是皖地人氏，但对吴越的风情了如指掌，让吴越人读来，尤感亲切。

辛弃疾填词垂虹桥

辛弃疾（1140—1207），原字坦夫，后改字幼安，号稼轩，山东东路济南府历城县（今山东省济南市历城区）人，南宋豪放派词人、将领，有“词中之龙”之称，与苏轼合称“苏辛”，与李清照并称“济南二安”（李清照号易安居士）。现存词六百多首，有词集《稼轩长短句》等传世。

◎辛弃疾像

辛弃疾自隆兴二年（1164）冬或乾道元年（1165）春，江阴签判任满后，曾有一段流寓吴江的生活，吴江给了他颇深的印象，因此为吴江留下了多首词作。他在《玉楼春》中有句云：“旧时枫落吴江句，今日锦囊无着处。”在《清平乐·忆吴江赏木樨》中，写道：

少年痛饮，忆向吴江醒。明月团团高树影，十里蔷薇水冷。

大都一点宫黄，人间直恁芬芳。怕是九天风露，染教世界都香。

《辞源》在刊载“张翰”词条时引用到了辛弃疾的词句“休说鲈鱼堪脍，尽西风，季鹰归未？”（季鹰系张翰的字）这词句出自辛弃疾《水龙吟·登建康赏心亭》（一作《水龙吟·旅次登楼作》，全词为：

楚天千里清秋，水随天去秋无际。遥岑远目，献愁供恨，玉簪螺髻。落日楼头，断鸿声里，江南游子。把吴钩看了，栏杆拍遍，无人会，登临意。

休说鲈鱼堪脍，尽西风，季鹰归未？求田问舍，怕应羞见，刘郎才气。可惜流年，忧愁风雨，树犹如此！倩何人唤取，红巾翠袖，揾英雄泪！

这首词虽然写的是南京的景物，但对于张翰的故乡人即鲈乡人来说，读之感到颇为亲切。

辛弃疾对于吴江的第一名胜垂虹桥，当然也少不了挥笔填词。他填了一首《水调歌头·和王正之右司吴江观雪见寄》，全词为：

造物故豪纵，千里玉鸾飞。等闲更把，万斛琼粉盖颇黎（玻璃）。好卷垂虹千丈，只放冰壶一色，云海路应迷。老子旧游处，回首梦耶非。

谪仙人，鸥鸟伴，两忘机。掀髯把酒一笑，诗在片帆西。寄语烟波旧侣，闻道莼鲈正美，休裂芰荷衣。上界足官府，汗漫与君期。

词题中的“王正之”，一作王政之，曾任右司郎官，后遭黜降。淳熙六年（1179），辛弃疾从湖北漕运副使任上调至湖南任漕运副使，与王正之置酒小山亭，填《摸鱼儿·更能消几番风雨》。这首《水调歌头》，系王正之在吴江观雪后填词寄给辛弃疾，辛弃疾和了此词寄还。辛弃疾运用他豪放派词人的手法，通过“千里玉鸾”“万斛琼粉”“垂虹千丈”等词语，描绘了一幅气势浩然、壮丽无比的垂虹雪景图。词中的“老子”，系辛弃疾的自称（辛弃疾爱称自己为老子），透过“老子旧游处，回首梦耶非”这词句，可知他很是怀念早年寓居吴江的那一段岁月。

刘过与垂虹桥

◎刘过像

刘过（1154—1206），南宋词人、诗人，字改之，号龙洲道人，吉州太和（今江西泰和）人，长于庐陵（今江西吉安），终身未仕。流落江湖期间，曾从辛弃疾游。晚年寓居江苏昆山，今其墓尚在。其抒发抗金抱负的诗词，语意峻拔，风格豪放。与刘克庄、刘辰翁享有“辛派三刘”之誉。有《龙洲集》《龙洲词》。

刘过屡试不第，漫游江、浙等地，而吴江地处吴头越尾，故他不止一次来过吴江，既写诗又填词。诗有《泊船吴江县》，是为：

草树连塘岸，人家半橘洲。

暖寒寻酒去，觉懒罢诗休。

逆境年年梦，劳生处处愁。

天涯倦行客，明日又苏州。

刘过写垂虹桥的，则既有诗又有词。诗为《过垂虹送汪仲冕》（亦题为《自述》）：

扁舟送客出姑苏，晚泊吴江夜雨馀。

波浪稍平风力定，青黄相间橘林疏。

匆忙旅馆催行酒，草率杯盘旋买鱼。

我欲壁间书岁月，无人为作小王书。

诗的颈联里，描述了一幅在垂虹桥头买吴江特产鲈鱼的情景。尾联中的“小王”，系指王羲之后人、北宋初年的书法家王著，其书法深得宋太宗的嘉许，朝廷之上皆以他的书法为范本，世皆赞其书法为“小王书”。

刘过写垂虹桥的词则是脍炙人口的《念奴娇·留别辛稼轩》：

知音者少，算乾坤许大，著身何处。直待功成方肯退，何日可寻归路。多景楼前，垂虹亭下，一枕眠秋雨。虚名相误，十年枉费辛苦。

不是奏赋明光，上书北阙，无惊人之语。我自匆忙天未许，赢得衣裾尘土。白璧追欢，黄金买笑，付与君为主。莼鲈江上，浩然明日归去。

词题中的辛稼轩，即辛弃疾，是刘过的莫逆之交。刘过对他很是敬重，曾写诗曰：“但得稼轩一题品，春风侠骨死犹香。”宋宁宗嘉泰三年（1203），刘过因母病告归，辛弃疾知其囊中羞涩，遂买船筹资相送。刘过有感于他的知遇之恩，遂赋上此词留别。

词中的“多景楼”，在江苏镇江北固山甘露寺内（今仅存遗址），是唐宋著名名胜，刘过曾多次登上此楼眺望中原，写下《题润州多景楼》一诗，中有“西风把酒闲来游，木叶渐脱人间秋。烟尘茫茫路渺渺，神京不见双泪流”等怀念中原的名句。与“多景楼”相对应的是“垂虹亭”，此亭位于垂虹桥桥心，自北宋庆历八年（1048）与桥一起初建以来，无数文人雅士到此观赏吟咏，留下了许多名篇雅章。刘过为何要在“多景楼前”和“垂虹亭下”“一枕眠秋雨”，固然与这两处景物秀丽又可远眺中原有关，亦与他科场失意、政治上遭受压抑有关。

刘过在该词结句时吟道：“莼鲈江上，浩然明日归去。”运用了吴江籍西晋文学家张翰在京城洛阳见秋风起，思念家乡的莼鲈与菰菜，遂弃官回故里的典故，以表明自己不慕名利，决心归隐的心志。

纵观全词，刘过直抒胸臆，倾诉了自己怀才不遇的苦闷，反映了南宋统治者的无能没落，表达了他愤懑的心绪。

吴文英与垂虹桥

吴文英（约 1212—约 1272），南宋词人，字君特，号梦窗、觉翁，四明（今浙江鄞县）人。往来江浙间，曾为浙东安抚使吴潜幕僚，复为宗室赵与芮门客。知音律，能自度曲。其词或表现上层的豪华生活，或抒写感伤情绪。讲究字句工丽，音律和谐。晚清词人曾给予他较高的评价。有《梦窗词》。

翻阅吴江籍辛亥革命风云人物陈去病编纂的《笠泽词征》，可见到吴文英多首吟咏垂虹桥的词。词题中点明垂虹桥（长桥）的就有三首。先来看《隔浦莲近·泊长桥过重午》这一首：

榴花依旧照眼，愁褪红丝腕。梦绕烟江路，汀菰绿，薰风晚。年少惊送远。吴蚕老，恨绪萦抽茧。

旅情懒，扁舟系处，青帘浊酒须换。一番重午，旋买香蒲浮盏。新月湖光荡素练。人散，红衣香在南岸。

此词写词人端午日泊舟在吴江垂虹桥，触景生情，借酒消愁，表达思念故土、亲人的情感。在词中，可见到不少吴江元素，“汀菰绿”中的“菰”，是吴江籍西晋文学家张翰在洛阳为官时，思念家乡的鲈鱼、莼菜、菰菜之一；“吴蚕老，恨绪萦抽茧。”吴江与苏州、杭州、湖州并称为“四大绸都”；“新月湖光”中的“湖”指的是太湖，明弘治《吴江志》载《县市图》可见垂虹桥西距太湖极近，仅三里路，太湖可谓是吴江的母亲湖。

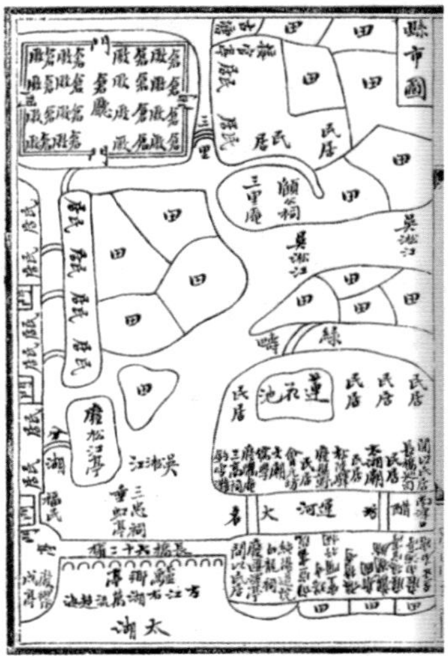

◎明弘治《吴江志》载《县市图》（左下方垂虹桥）

接着来看《十二郎》这一首，词前有小序云：“垂虹桥上有垂虹亭，属吴江。”词曰：

素天际水，浪拍碎、冻云不凝。记晓叶题霜，秋灯吟雨，曾系长桥过艇。又是宾鸿重来后，猛赋得、归期才定。嗟绣鸭解言，香鲈堪钓，尚庐人境。

幽兴。争如共载，越娥妆镜。念倦客依前，貂裘茸帽，重向松江照影。酹酒苍茫，倚歌平远，亭上玉虹腰冷。迎醉面，暮雪飞花几点，黛愁山暝。

此词盛赞垂虹桥及周边景物秀美，物产丰阜，足堪幽居，同时写词人故地重游，在垂虹桥上即景抒怀。词中“绣鸭解言”用了一个典故：宋代孔平仲撰写的笔记《谈苑》中说，“陆龟蒙性多，居笠泽”，有太监自长安出使杭州，途中一太监用弹打死了陆龟蒙所养的一只鸭。陆龟蒙大呼曰这鸭是欲贡奉给天子的能说话的鸭。太监很是惊骇，只得以许多金帛来作赔偿，以求息事。当问到鸭能说什么话时，陆龟蒙巧妙地回答说能“自呼其名”。鸭的叫声“鸭鸭”，正是自呼之声，却是一点也不为诳。

再来看《木兰花慢·重泊垂虹》：

酹清杯问水，惯曾见，几逢迎。自越棹轻飞，秋莼归后，杞菊荒荆。孤鸣。舞鸥惯，又渔歌、忽断晚烟生。雪浪闲消钓石。冷枫频落江汀。

长亭。春恨何穷，目易尽，酒微醒。怅断魂西子，凌波去杳，环珮无声。阴晴。最无定处，被浮云、多翳镜华明。向晓东风霁色，绿杨楼外山青。

此词写词人行舟重泊在垂虹桥时触景感怀，勾起对杭城亡妾的忆念，抒发与其的生离死别之情。

在词中写垂虹桥的也有两首。其一为《惜黄花慢》，词前有小序云：“次吴江小泊，夜饮僧窗惜别，邦人赵簿携小妓侑尊，连歌数阕，皆清真词。酒尽已四鼓，赋此词饯尹梅津。”词曰：

送客吴皋，正试霜夜冷，枫落长桥。望天不尽，背城渐杳，离亭黯黯，恨水迢迢。翠香零落红衣老，暮愁锁、残柳眉梢。念瘦腰、沈郎旧日，曾系兰桡。

仙人凤咽琼箫，怅断魂送远，《九辩》难招。醉鬟留盼，小窗剪烛，歌云载恨，飞上银霄。素秋不解随船去。败红趁、一叶寒涛。梦翠翘，怨鸿料过南谯。

小序中的“邦人赵簿”，指同乡的赵姓主簿；“侑尊”，劝酒助饮兴；“清真词”，指北宋周邦彦（号清真居士）的词集；“尹梅津”，即尹焕，山阴（今浙江绍兴）人，嘉定十年（1217）进士，吴文英好友，曾为吴文英的《梦窗词》作序，有《梅津集》。词中的“吴皋”，指吴淞江边；“红衣”，荷花瓣的别称；“沈郎”，指南朝政治家、文学家、史学家沈约；《九辩》，宋玉之作。此词为吟咏友人与其所恋之人的离别之作，词中用字颇为精妙。难能可贵的是，此词为垂虹桥描绘了一幅“枫落长桥”的秋景图。

其二为《声声幔》，词前有小序云：“饯魏绣使泊吴江，为友人赋。”词曰：

旋移轻鹢，浅傍垂虹，还因送客迟留。泪雨横波，遥山眉上新愁。行人倚阑心事，问谁知，只有沙鸥。念聚散，几枫丹霜渚，莼绿春洲。

渐近香蓏炊黍，想红丝织字，未远青楼。寂寞渔乡、争如连醉温柔。西窗夜深剪烛，梦频生、不放云收。共怅望，认孤烟、起处是舟。

词前小序中的“魏绣使”，绣使即绣衣使者，指奉命讨奸、治狱、督察的官员，魏绣使指词作者的友人魏方泉，淳祐六年（1246）任刑部侍郎。词中的“鹢”，指船头画着鹢鸟的船；“红丝织字”，语出《晋书·列女传》，即用红线织成回文诗。此词上阕写词人与友人魏绣使饯别时的惜别之情，下阕以友人妻子的口吻设想聚散两依依的离情别绪。此词对于吴江人来说，颇觉亲切，词首呈现了一幅“旋移轻鹢，浅傍垂虹”的吴淞江水景图。

蒋捷垂虹亭里抒隐痛

蒋捷（约 1245—1305 后），字胜欲，号竹山，南宋词人，宋末元初阳羡（今江苏宜兴）人。南宋咸淳十年（1274）进士。南宋覆灭，隐居不仕，人称“竹山先生”“樱桃进士”，其气节为时人所重。蒋捷长于词，与周密、王沂孙、张炎并称“宋末四大家”。有《竹山词》。

说起蒋捷，不管是南方人，还是北方人，都会提起他的那首《一剪梅·舟过吴江》。蒋捷写这首词时，约为 29 岁，在南宋咸淳十年，即南宋灭亡前五年的 1274 年，他前往京城临安（杭州）参加殿试，船过吴江（吴淞江）时，两岸的景色引发他的愁绪：

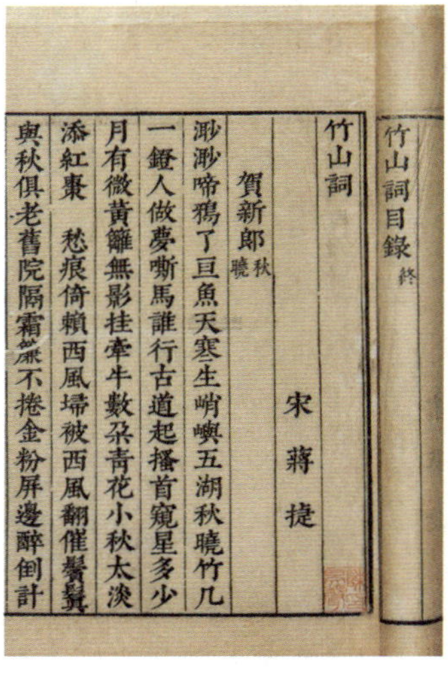
竹山詞目錄 終
竹山詞
宋 蔣捷
賀新郎 秋曉
渺渺啼鴉了亘魚天寒生峭嶼五湖秋曉竹几
一鐙人做夢嘶馬誰行古道起搔首窺星多少
月有微黃籬無影挂牽牛數朶青花小秋太淡
添紅棗 愁痕倚賴西風埽被西風翻催鬢鬒
與秋俱老舊院隔霜簾不捲金粉屏邊醉倒計

◎蒋捷《竹山词》

一片春愁待酒浇。江上舟摇。楼上帘招。秋娘渡与泰娘桥。风又飘飘。雨又萧萧。

何日归家洗客袍。银字笙调。心字香烧。流光容易把人抛。红了樱桃。绿了芭蕉。

词中的“秋娘”，指杜秋娘，唐代诗人杜牧诗中写杜秋娘两过吴江渡；“泰娘”，《中吴纪闻》中云：“泰娘，吴之美妇人也。刘禹锡《泰娘歌》诗云：‘泰娘家本阊门西，门前绿水环金堤。有时妆成好天气，走上皋桥折花戏。’”“银字笙”为制笙时以银作字的笙，这两句，写作者想见归家时乐器鸣奏、香烟缭绕的欢快景象。词的最后两句“红了樱桃，绿了芭蕉”，使蒋捷多了“樱桃进士”这个雅号。

这首词总的来说充满着“春愁”，按理说一个即将登科的进士，本应春风得意，为何要愁绪满怀，心生归意呢？因为词人已依稀听到元兵的南侵之声了。次年，元兵便犯江南。五年后，南宋王朝彻底覆灭，他再填词，就只有怀念故国的沉痛了。

蒋捷再为吴江填的《贺新郎·吴江》就作于宋亡以后漂泊东南时期的作品，词中主旨在于借垂虹桥上垂虹亭抒发自己在宋亡之后无处容身的隐痛。此词为：

浪涌孤亭起。是当年、蓬莱顶上，海风飘坠。帝遣江神长守护，八柱蛟龙缠尾。斗吐出、寒烟寒雨。昨夜鲸翻坤轴动，卷雕翚、掷向虚空里。但留得，绛虹住。

五湖有客扁舟舣。怕群仙、重游到此，翠旌难驻。手拍阑干呼白鹭，为我殷勤寄语。奈鹭也、惊飞沙渚。星月一天云万壑，览茫茫、宇宙知何处。鼓双桿，浩歌去。

词上阕“浪涌孤亭起”，起得突兀奇谲，显出了垂虹亭的气势，在词人眼里，“是当年、蓬莱顶上，海风飘坠。”这仙山上飘来的亭子，由“帝遣江神长守护”，八根柱子上有八条蛟龙环绕，喷烟吐雨。“昨夜鲸翻坤轴动，卷雕翚、掷向虚空里”，这“鲸”便是元兵，元兵于德祐元年（1275）攻宋，据清乾隆《吴江县志》载，是年，垂虹桥“毁于兵”。

下阕写有客从太湖里驾着小舟来至垂虹桥，“怕群仙、重游到此，翠旌难驻。”词人想借白鹭为群仙报信，但白鹭也被惊飞。“星月一天云万壑，览茫茫、宇宙知何处。”词写至此，亡国之痛的真情完全吐露了出来。“鼓双楫，浩歌去。”词人在入元之后，始终不肯出仕，终老竹山，展现了遗世独立的风貌。

张炎重过垂虹

张炎（1248—1314 后），南宋词人、词论家，字叔夏，号玉田，晚年号乐笑翁，临安（今浙江杭州）人。宋亡，北游元都，失意南归。所作《南浦·春水》《解连环·孤雁》二阕盛行一时，世称“张春水”“张孤雁”。有《山中白云词》及论词专著《词源》。

在词界，说张炎是宋词的最后一位重要作者，一般选宋词的书，选到最后，就得选张炎，讲到最后，也得讲张炎。可以说，在宋词这支柔丽的长曲中，张炎的词，是最后一个音节，是最后一声歌唱。由于他的词寄托了乡国衰亡之痛，备极苍凉，所以也可以说，他的声音，也就是南宋末期的时代之声。

翻阅词著，可看到张炎为吴江垂虹桥写了两首词，其中之一便是《声声慢·重过垂虹》，既是“重过”，那在填这首词之前，肯定已来过，至于初过之时填没填词还是填了已散佚，则不得而知了。《声声慢》之用韵有仄声，也有平声，张炎这首词用的是平韵，为：

□声短棹，柳色长条，无花但觉风香。万境天开逸兴，纵我清狂。白鸥更闲似我，趁平芜、飞过斜阳。重叹息，却如何、不□梦里黄粱。

一自三高非旧，把诗囊酒具，千古凄凉。近日烟波，乐事尽逐渔忙。山横洞庭夜月，似潇湘、不似潇湘。归未得，数清游、多在水乡。

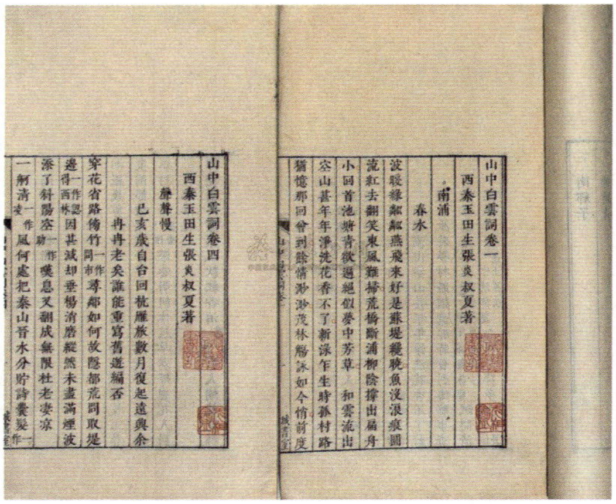
山中白雲詞卷一
西秦玉田生張炎叔夏著
南浦
春水
波暖綠粼粼燕飛來好是蘇堤纔曉魚沒浪痕圓
流紅去翻笑東風難掃荒橋斷浦柳陰撐出扁舟
小回首池塘青欲遍絕似夢中芳草　和雲流出
空山甚年年淨洗花香不了新綠乍生時孤村路
猶憶那回曾到餘情渺渺茂林觴詠如今情前度

山中白雲詞卷四
西秦玉田生張炎叔夏著
聲聲慢
己亥歲自台回杭雁旅數月復起遠興余
冉冉老矣誰能重寫舊遊編否
穿花省路傍竹一作問市尋鄰如何故隱都荒問取堤
邊一作要得一作西林因甚減却垂楊消磨縱然未盡滿煙波
添了斜陽空一作助　一作嘆息又翻成無限杜老淒涼
一斛清一作麦　一作風何處把秦山晉水分貯詩囊髮一作

◎张炎《山中白云词》

上阕中“清狂”，放逸不羁之意；“平芜”，指草木丛生的平旷原野；“梦里黄粱”，即黄粱梦之典故，《枕中记》中载道：卢生在梦中享尽荣华富贵，等到醒来，主人蒸的黄粱还没熟，故称黄粱梦，以喻虚幻不实之事；下阕中“一自”，犹言自从；“三高”，指垂虹桥畔的三高祠，祀范蠡、张翰和陆龟蒙；“诗囊”，贮放诗稿的袋子；洞庭：指太湖。

上阕以吴淞江上的小船、江岸边的柳枝、白鸥、旷野、斜阳等动静景物，描绘了一幅清雅恬静的垂虹桥景图，这里“无花但觉风香”“万境天开逸兴”，任词人放飞逸兴，然而，词人重又叹息，原来呈现在眼前的是“梦里黄粱”。下阕说自从三高祠不是旧日模样，背着诗囊，把着酒具，也“千古凄凉”。只有那“近日”的“烟波”，在“乐事尽逐”渔捕之忙；垂虹桥西边的洞庭湖山夜月，好似潇湘，但又不似潇湘。词的最后，词人叹道，归家不得，只能在这吴地水乡清游。

综观张炎这首词，其情调与他在宋亡后，北游元都，失意南归，常追怀往昔，抒写哀怨是相当吻合的。但在叹息声和凄凉里，词人也将垂虹桥和太湖的景色如实地呈现在了读者面前。

张炎在《台城路·送周方山游吴》中也写到了垂虹桥，该词为：

朗吟未了西湖酒，惊心又歌南浦。折柳官桥，呼船野渡，还听垂虹风雨。漂流最苦。

况如此江山，此时情绪。怕有鸱夷，笑人何事载诗去。

荒台只今在否？登临休望远，都是愁处。暗草埋沙，明波洗月，谁念天涯羁旅。荷阴未暑，快料理归程，再盟鸥鹭。只恐空山，近来无杜宇。

词中的“折柳”，古代地理书《三辅黄图》中曰：“灞桥在长安东，跨水作桥，汉人送客至此桥，折柳赠别。”当年，张炎送周方山（周暕，字伯阳，号方山，自署识字耕夫，江苏泰州人）去游吴地，在送别之时，想到了吴江的垂虹桥，因此，在“呼船野渡”之时，“还听垂虹风雨”。由此看来，在张炎的心目中，垂虹桥的位置是颇高的。

天到桥与驸马府

天到桥，位于七都镇因渎村南，跨辰字、大张二圩。这因渎村亦名隐读村，从前是隐士读书的地方，别说村上的大人有多聪明，就连小孩子也灵气十足。传说当年乾隆皇帝微服来到这里，看到一个身穿青色衣服的小孩子，便随口吟道："青壳田鸡活剥皮"，那小孩听了，一看来人穿的是红袍，就接口应道："泡汤河虾穿红衣"，乾隆皇帝听了，一时竟哑口无言。

天到桥为梁式三孔，南北走向，初建无考，清康熙二十四年（1685）重修，雍正末年重建。相传南宋初年宋高宗赵构驾临驸马吴瑞宇府第路过此桥而得名。清代《儒林六都志》上载有孙阳顾的一首诗："翠辇何年到？溪桥浪得名。至今垂钓者，艳说羽林兵。"从中可以看出，虽然昔日宋高宗来到天到桥的具体日期已不得而知，但过了许多年后，当地的钓鱼人仍在羡慕地传说着当年威风凛凛、护卫帝家的羽林兵们。

驸马吴瑞宇是七都隐读村人，名莫考，瑞宇是他的字，他在往字圩建有府第，府中有一梳妆台，为公主梳妆之处，四围皆水，植以荷花，中间是一绿洲，面积达数亩，上面建有高楼，四周用朱栏石砌筑，景色颇佳。孙阳顾有诗云："台下留仙舞，台中堕马妆。妆成共箫史，金弹打鸳鸯。"当年宋高宗到上林观梅，曾到过吴府。吴

◎天到桥与御迹亭

驸马去世后，当地人们将其奉为隐读神主来祭祀。传说天到桥之北的谷池漾即是吴驸马的水葬处，漾中有一小洲，上复以土，乡人指为驸马之冢。

在隐读村，与宋高宗、吴驸马有关的遗迹尚有不少。日辉桥东有一地名叫龙船渚，相传宋高宗当年来吴驸马府时，其所乘龙舟就是停靠在这里的。孙阳顾有诗曰："古杨萦御缆，断岸驻龙舟。荇藻鱼翻影，长疑翠葆浮。"驸马府梳妆台的南边，有浣衣池，相传为驸马府洗衣之处。梳妆台的西南侧，有浣垢湾，相传是驸马府中洗涤碗箸器物之处。此外，还传说谷池漾西南港口、东北港口和东南天到桥之北三处地方，都以两只铁缸对合，按于其下，又有街路三条，皆为吴驸马水葬时所筑。清代天到桥北水旱时，曾有人没水踹踏其缸，只见青苔长有尺许，寒气逼人，人在上面不能站立。

天到桥由于年久失修，后塌毁。庆幸的是亨通集团于2013年恢复重建天到桥，并在桥堍筑御迹亭一座，上镌对联一副："尚闻昔日龙舟拥翠辇；犹看今朝玉蝃舔清波"。

吴江的宋代桥梁

宋朝分北宋和南宋，北宋距今已十分遥远，距今稍近些的南宋也有900多年至740多年，所以能够遗留下来的宋代建筑已经很少。从评定文物保护单位等级的时间标准上来看，只要是宋代的建筑，起码是省级文物保护单位。参照这个标准，吴江就有三座宋代的桥梁。

◎东庙桥

◎东庙桥石梁排柱

吴江的三座宋代桥梁分别是东庙桥、思本桥和香花桥。东庙桥为全国重点文物保护单位，位于太湖之滨的七都镇，建于南宋绍定年间（1228—1233），梁式三孔，东西走向，全长21.5米，中宽2.1米，堍宽2.75米，高4.31米，中孔跨度为4.6米。全桥除民国年间增置花岗石栏石、望柱外，其他均由初建时的武康石构筑。武康石也叫紫石，石面布有细小的蜂窝眼，颜色深赤，原产于浙江省武康（已于1958年并入德清县），宋代及元代时，江南一带常用这种石头来造桥，东庙桥上的大部分构件为此石，可佐证其最初建造年代确实是在宋代。同邑的吴国良先生对古桥深有研究，他对东庙桥的构造技术曾做细致的描述：该桥的“底盘石和排柱浑厚稳重，排柱与横系石平接严密，受力匀称，三孔桥面架设六根石梁，石梁间铺设石板。每根石梁都是两端为31厘米，中间增至51厘米，外侧又凿成弧形，这不仅可增大压力，减少受拉力，而且使得整个桥面略成拱形……石梁之下的长系石上尚有四个直径为18厘米的半月形孔，此乃建桥时安置托木所用。”东庙桥不仅历史悠久，其雕刻艺术也颇为精湛。桥次孔石梁边端分别刻有四朵形状各异的如意云。这图案为“八宝纹”之一，所谓“八宝纹”，即是指双胜、金锭、火珠、万卷书、犀角、双犀角、珊瑚枝和如意云。桥上刻上如意云图案，寓意吉祥，反映了当时人们对美好生活的期盼，也给古朴的东庙桥增添了些许飘逸的气息。

思本桥，俗名思汾桥，拱形单孔，东西走向，长22.5米，中宽1.85米，全由紫石（武康石）筑成，拱券以全拱并列法砌置，桥顶石梁采用两端向中间逐渐增厚、外侧又凿成弧形的做法。

以前，思本桥的石级上长满了一种名叫络石的绿色藤蔓，只留出中间一条细细的桥路，看来这是行人踩出来的。这藤蔓攀满了整座桥梁，远远望去，仿佛是一条苍龙横卧在碧波之上。桥上未置栏石，走在狭狭的桥顶上，浓浓野趣油然而生。桥西堍，南侧竹林翠绿，北侧芦苇青青；桥东堍，南侧瓜果累累，北侧水杉挺立，一派田园风光。举目而望，镌有花纹的桥梁在日光的映照下，透射着古朴逸秀的色彩，一株苍翠的枸杞从石隙里伸展出来，枝上的颗颗小红果点缀着紫色的桥身，煞是好看。撩开桥堍下的树枝花草，只见竖有一块石碑，上面的文字映入了眼帘：“全国重点文物保护单位·思本桥。”

◎思本桥

◎思本桥拱券

吴江的第三座宋代桥梁——香花桥为江苏省文物保护单位，位于震泽镇龙降桥村，其形制与七都的东庙桥相仿，也为梁式三孔，但形体稍小，未设栏石，完好程度也差一些，全桥主要构件，如排柱、石梁多为武康石，石梁之间的石板和两桥台夹杂一些青石、花岗石，留有后代修缮的痕迹。香花桥在当地呼为“香火桥”，其正名和俗称都与佛事有关。“香花”与“供养”连之，乃是佛教的一种礼敬仪式，而“香火”，指香与灯火，为供奉佛前之物。据当地人说，以前香花桥所处的地理位置是南有南港，北有北港，两港西接徐家漾，流至东边合二为一，构成了一个独脚圩。圩头有一寺院，名为麒麟寺，当时香火颇旺，寺院里的和尚为方便香客进香，用香客所捐的香火钱建造了此桥。如今，虽然寺院没有了，但寺院建造的桥已历七百多年，依然安稳地躺卧在绿水之上。

◎香花桥

◎香花桥侧影

以年号为名的桥

吴江，在清乾隆时有“桥梁数千”，至今尚有200余座拱形、梁式古石桥躺卧在一泓泓碧水之上，其中以朝代年号为名字的桥只有一座，为汾湖高新区的嘉泰桥。

嘉泰桥位于芦北村，所跨之河为元代著名文学家、书法家杨维桢《游分湖记》中记载的武陵溪。这武陵溪景色颇美，与杨维桢同时代的芦墟诗人顾逊有诗云：“武陵溪上花如锦，花气薰人如酒浓。”据当地方志记载，嘉泰桥由南宋“睦静先生”顾亨的先辈始建于南宋嘉泰元年（1201）。“嘉泰”是宋宁宗赵扩在位时的第二个年号，他在位共三十年，其所用年号分别为庆元、嘉泰、开禧、嘉定，桥因建造于嘉泰元年，故将此年号作为了桥名。嘉泰桥在历史上多次兴废，南宋景定年间（1260—1264）、明洪武二十四年（1391）、成化二十三年（1487）、万历年间（1573—1620）、清顺治十二年（1655）数度改建、重建，现存之桥为清光绪十七年（1891）重建，1994年7月列为吴江市文物控制单位，现为苏州市控制保护建筑。

嘉泰桥为拱形单孔，长18.1米，中宽2.75米，净跨5.1米，矢高3.5米，拱券为纵联分节并列砌置，券石、长系石多青石，金刚墙等部位为花岗石，东西石阶各14级，留有各个年代重建、重修的痕迹。明成化二十三年改建时，曾镌刻《北顾里重建嘉泰桥题名记》碑镶嵌在桥的拱券之中，碑文中曰道：“松陵距东南五十里，有镇曰芦墟。梁太学博士顾野王子卜居于此，遂有北顾里名。今顾姓者，皆野王

◎嘉泰桥

后。东西两岸，居民百姓，人物仁厚，风俗义让。中流南北，曰武陵溪。桥名嘉泰，盖南宋宁宗朝，嘉泰改元始建，故以此名。”从这一段文字中，可知这里与吴江北门外三里桥东的顾墟一脉相承，与南朝梁陈间文字训诂学家顾野王有着很大的关联，这一点从桥上所镌的对联中也可得到印证，联语为：“虹腰环水南连市；雁齿排云北顾村”，这“北顾村”，即北顾里，在当地流传着“先有北芦墟，后有南芦墟”的古语，这北顾里即是北芦墟的古名，其中的“顾”即指顾野王后人。同时，阅读这一段碑文，也可确证嘉泰桥以朝代年号为桥名的史实。

叶茵与桥

叶茵，系南宋年间有名的诗人。据清嘉庆《同里志》记载，叶茵字景文，“隐居高尚，名其堂曰顺适，藏书万卷，有水竹墅十咏……善诗，格清矫”，著有《顺适堂诗稿》，他又仰慕唐代文学家陆龟蒙，致力于汇集其诗文，编成《甫里集》二十集。

大概由于是生活在江南水乡的缘故吧，叶茵与桥结下了不解之缘。他曾为家乡修建了多座桥梁，其中同里镇区西郊辽浜的思本桥即是其中之一，至今已历七百余年，依旧完好无损。该桥俗名思汾桥，拱形单孔，东西走向，长 22.5 米，中宽 1.85 米，全由紫石（武康石）筑成，拱券以全拱并列法砌置，桥顶石梁采用两端向中间逐渐增厚、外侧又凿成弧形的做法（思本桥详见本书《吴江宋代的桥梁》）。

叶茵在修桥的同时，也以诗咏桥。他写的五律《垂虹桥》诗就写得颇为精彩：“何年现彩虹，悬足控西东。两地烟波隔，一天风月同。橹声摇雁柱，檐影覆龙宫。雠虏曾长钓，谁收铒虏功。”诗中的“雁柱”，即桥柱，宋·孟元老《东京梦华录·三月一日开金明池琼林苑》：“又西去数百步，乃仙桥，南北约数百步，桥面三虹，朱漆阑楯，下排雁柱，中央隆起，谓之‘骆驼虹’，若飞虹之状。”；“雠虏”，敌寇之意，诗中指金兵；“铒”，钩子。叶茵在诗中，既描述、赞美了垂虹桥的秀丽景色，也抒发自己的爱国情怀。

另，他还有一首五绝，是写垂虹桥上垂虹亭的，诗为：“东西耕钓窟，左右利名津。倚遍阑干曲，知几有几人。”诗中的“耕钓”喻隐居不仕；“利名”，名利之意；“知几”，谓有预见，看出事物发生变化的隐微征兆。叶茵此首咏景诗，颇有意味，将自己萧闲自放，不慕荣利，隐居乡间的境况融合在了诗里。

叶茵还写有一首题为《小垂虹桥》的七言古风：“冯夷掣开潜蛟锁，御云飞过松江左。悬腰展鬣眠东湖，生绡描作垂虹图。隐君骑背占空阔，百尺阑干景轩豁。有亭翼然芙蕖开，风朝月夕尤佳哉。柳边何曾官船来，回视驿桥多尘埃。”这小垂虹桥，清乾隆《吴江县志》编纂者在刊此诗前有一按语：“小垂虹桥，按祝穆《方舆胜览》，吴江有小垂虹桥，在石塘垒石为之，即此也。诗中云‘松江左’‘回视驿桥’，则其在石塘明矣。”石塘，即九里石塘，亦名至正石塘，即今吴江城区南郊运河西岸的运河古纤道，2014 年公布为世界遗产点。诗中的“冯夷”，是传说中的黄河之神，即河伯，泛指水神；“隐君”，指隐居的人。诗中又提到了隐居，可谓与诗人自己的境况有着剪不断、理还乱的关联。

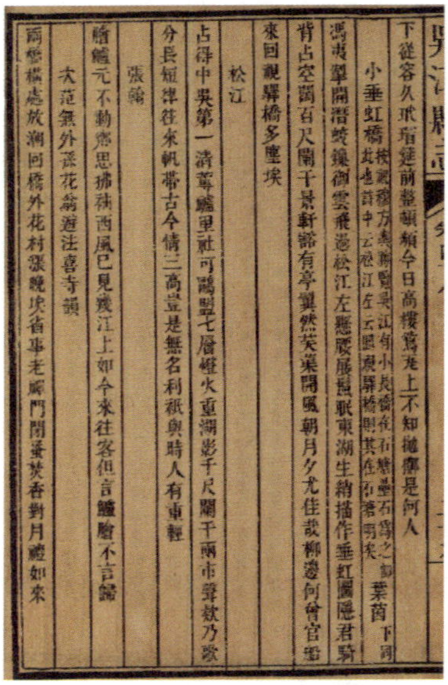
吳江縣志

下從容久玳瑁筵前整頓頻今日高樓鶯花上不知攜儷是何人

小垂虹橋 按宋趙方義有賢吳江有小長橋在石塘壘石為之即此也詩中云松江左云回視驛橋則其在石塘明矣 葉茵 下同

馮夷擘開潛蛟窟御雲飛過松江左懸厓展翼瞰東湖生綃描作垂虹圖隱君騎

背占空闊百尺闌干景軒豁有亭翼然芙蕖開風朝月夕尤佳哉柳邊何曾官驛

來回視驛橋多塵埃

松江

占得中吳第一清蓴鱸且就可鷗盟七層燈火重湖影千尺闌干兩市聲款乃歌

分長短律往來帆帶古今情三高豈是無名利祇與時人有重輕

張翰

蒓鱸元不動鄉思拂袂西風已見機江上如今來往客但言鱸膾不言歸

次范氏外孫花翁遊法喜寺韻

兩槳橫處放瀾回橋外花村漲晚塊省事老廊門閉蚤焚香對月禮如來

◎清乾隆《吴江县志》载叶茵《小垂虹桥》诗

“吴中四才子”与垂虹桥

苏州明代的唐寅、祝允明、文征明和徐祯卿，才情横溢，性情洒脱，被称为“吴中四才子”，亦称“江南四大才子”。垂虹桥是吴江的第一名胜，也是“三吴绝景”之一，自北宋庆历八年（1048）始建起，即被历代名人所瞩目，或来此观瞻赏景、作别怀古，或来此吟诗诵词、泼墨作画，留下了许多千古佳话和璀璨篇章。唐、祝、文、徐这“吴中四才子”也追步先贤，前来垂虹桥，留下了不少史实和佳篇锦章。

唐寅与垂虹桥

唐寅（1470—1523），明画家、文学家，字伯虎，一字子畏，号六如居士、桃花庵主、逃禅仙史等，吴县（今江苏苏州）人。年二十九，中乡试第一，会试时因牵涉科场舞弊案而被革黜。后游名山大川，致力绘事，卖画为生。擅山水，多取法南宋李唐、刘松年，兼采元人法，一变斧劈皴为细长清劲线条的皴法，并工人物、花鸟，笔墨秀润峭利，景物清隽生动，工笔、写意俱佳。与沈周，文征明、仇英并称“明四家”。兼善书法，工诗文。文以六朝为宗，诗初多秾丽，中尚平易，晚则纵放不拘成格。有《六如居士全集》。

◎唐寅像

翻阅吴江方志，见有他的《松陵晚泊》诗，是为：

晚泊松陵系短篷，埠头灯火集船丛。

人行烟霭垂虹上，月出蒹葭涌水中。

自古三江多禹迹，长涛五夜起秋风。

鲈鱼味老春醪贱，放箸金盘不觉空。

诗中的“三江”，指太湖流域的吴淞江、东江和娄江，其中吴淞江源于吴江东太湖；“禹迹”，相传大禹曾在太湖一带治水，三吴多地存有纪念他的胜迹，吴江震泽即有禹迹桥。此诗通过短篷、埠头、灯火、舟船、行人、长桥、月光、蒹葭等景物，形象地描绘了一幅吴淞江畔、垂虹桥头的夜景图。诗的尾联，写到了垂虹桥下的鲈鱼，与南宋诗人杨万里《鲈鱼》中句“买来一尾那嫌少，尚有杯羹慰老穷”透露的声息似乎是相通的。

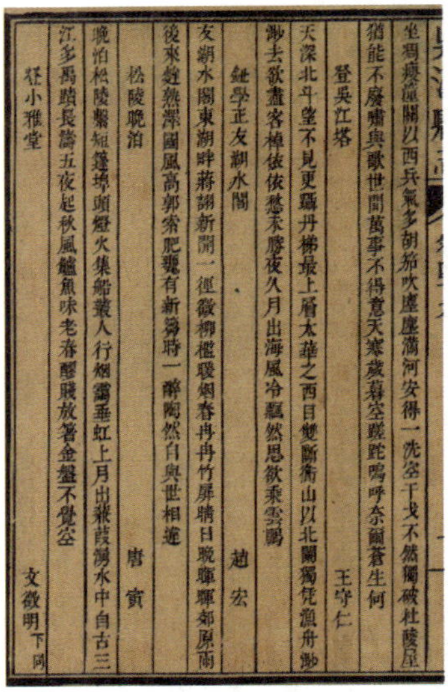

坐獨瘦蓬闕以西兵氣多胡笳吹塵塵滿河安得一洗空干戈不然獨破杜陵屋
猶能不廢嘯與歌世間萬事不得意天寒歲暮空蹉跎嗚呼奈爾蒼生何
登吳江塔　王守仁
天深北斗望不見更躡丹梯最上層太華之西目斷衡山以北關獨凭漁舟渺
渺去欲盡客棹依依愁未勝夜久月出海風冷飄然思欲乘雲鵬
鈍學正友鷗水閣　趙宏
友鷗水閣東湖畔蔣詡新開一徑微柳檻疑烟春冉冉竹屏晴日曉暉暉郊原雨
後來遊熟澤國風高郭索肥甕有新篘時一醉陶然自與世相違
松陵晚泊　唐寅
晚泊松陵繫短篷埠頭燈火集船叢人行烟靄垂虹上月出蒹葭漲水中自古三
江多禹蹟長濤五夜起秋風鱸魚味老春醪賤放箸金盤不覺空
登小雅堂　文徵明下同

◎清乾隆《吴江县志》载唐寅《松陵晚泊》

唐寅写垂虹桥的诗还有一首。21 世纪初，书法史论家葛鸿桢在翻译美国傅申先生所著《海外书迹研究》时，发现美国著名收藏家顾洛阜收藏有《垂虹别意图卷》，图卷上有着众多苏州才子作的诗，其中就有唐寅的诗，是为：

柳脆霜前绿，桥垂水上虹。

深杯惜离别，明日路西东。

欢笑韦圆月，平安附便风。

归家说经历，挑尽短檠红。

在《垂虹别意图卷》上，唐寅不仅有诗，更有他的《垂虹别意图》。该图纵 29.7 厘米，横 107.6 厘米，纸本，水墨画。现藏纽约大都会博物馆。翁万戈《美国顾洛阜藏中国历代书画名迹精选》著录。

卷后唐寅自题上面所述这首诗，诗后署名“苏门唐寅”。钤印：“唐居士”“唐

◎唐寅《垂虹别意图》

伯虎”。后续明代苏州学者戴冠的《垂虹别意诗序》，时为正德戊辰中秋吉旦，即1508年9月9日。序文后，有祝允明、文征明、杨循吉等多人的题诗。此图为唐寅送别门人戴昭回皖地所作。

按图右起，山坡渐高，坡下远近杂树8株，垂虹桥隐约树后，仅见10孔，垂虹亭等悉为山坡所遮。桥左杂树7株，通衢大路即在树间。近处一船，行于吴淞江头，舱内二人似在闲话，一人悠然游目，艄子摇橹船尾。远山连绵于桥后。实则吴江东门外未有高坡，故此图为艺术创作，非实景描摹。然所写有明代吴人南下送别，往往止于垂虹桥之俗，极有价值，如图后序文所谓：“盖垂虹者，吴地石杠之名也，送昭（戴昭）必于此地为别，使送者可及夕而返故也。”图后题诗中，多垂虹送别佳句，如文征明：“多情最是垂虹月，千里悠悠照别离。”陈键：“相送江头水映空，孤舟渺渺下垂虹。”祝续：“送君归去上垂虹，霜落吴江几树枫。”

祝允明与垂虹桥

祝允明（1460—1526），明书法家、文学家，字希哲，号枝山，长洲（今江苏苏州）人。弘治举人。官广东兴宁知县，迁应天府通判。能诗文，工书法，小楷学钟繇、王羲之，狂草学怀素、黄庭坚，笔势劲健，又能出入变化，自成面目。与文征明、王宠为当时书家代表。有《怀星堂集》等。又撰有《兴宁县志》，稿今存。

◎祝允明像

祝允明既是书法家，又是文学家，他的这两个特长也体现在了垂虹桥上。上述的《垂虹别意图卷》即由祝允明书“垂虹别意”四字作为引首。在戴冠作序后，有着众多苏州才子作的诗，其中当然少不了祝允明的诗，是为：

把手江南奇绝处，石栏高拍袂轻分。
胸中故有长虹在，吐作天家补衮文。

诗的首句将垂虹桥称为“江南奇绝处”，与垂虹桥从初建起即被誉为“三吴绝景”是一脉相承的，可见垂虹桥在祝允明心目中的地位是颇高的；诗的三、四句颇有浪漫色彩，将垂虹桥喻为天上的长虹，且藏于“胸中”，吐作了天子身上衣服的纹彩。

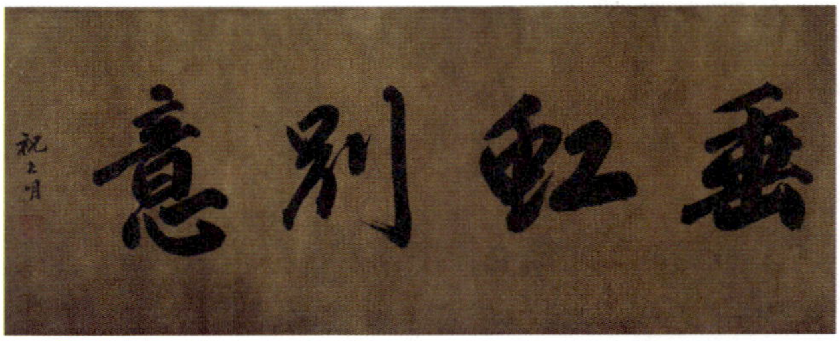

◎《垂虹别意图卷》祝允明引首“垂虹别意”

祝允明对于垂虹桥，除了书法和诗，还有文。他在《志怪录》里说了这么一个“长桥美人”故事：

明代弘治初年，垂虹桥畔有一个老妇，像是一个媒婆，靠奔走谋利。一日，老妪外出了，由幼女守家。幼女忽然见到一个美人，穿着小青衣慢慢步入自己家中。幼女看了下，那美人犹未成年，而姿色艳丽妖冶，妆饰很是瑰丽，好像是有钱人家未出嫁的姑娘。美人问：“婆婆在不在？”还说：“不在的话，我不能等，下次再来相访。”于是，就出门上画船去了。

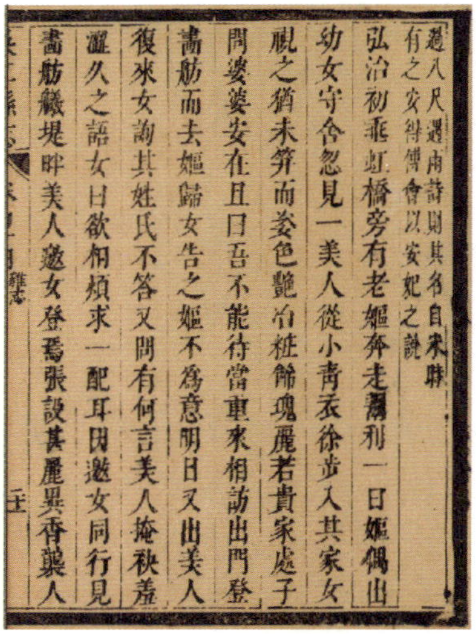
弘治初垂虹橋旁有老嫗奔走覓利一日嫗偶出幼女守舍忽見一美人從小青衣徐步入其家女覩之猶未笄而姿色艷冶粧飾瑰麗若貴家處子問婆婆安在且曰吾不能待當更來相訪出門登畫舫而去嫗歸女告之嫗不為意明日又出美人復來女詢其姓氏不答又問有何言美人掩袂羞澀久之語女曰欲相煩求一配耳因邀女同行見畫舫艤堤畔美人邀女登焉張設甚麗異香襲人

◎清康熙《吴江县志》载祝允明《志怪录》节选

老妇回来了，女儿把事情告知。老妇不大在意。到了明天，老妇又出门去了，那美人又来了，幼女便问她姓甚名谁，那美人不作回答。幼女又问她：“可有什么言语要转告？”美人用衣袖遮面，羞涩了好久，对幼女说道：“想烦请你母亲帮忙找一个佳偶哩！”于是，美人邀请幼女一起出行，看见画舫停在吴淞江堤岸畔，美人邀请幼女一起登上船。船里面布置得很是富丽，且异香扑鼻袭人。茶几上放着一盂枣子，美人取来一些给幼女吃，幼女留了几个放在怀里，回家后把事情经过向老妪相告。待幼女从怀里取枣出来看时，大为惊异，枣子没有了，一个也找不到了。当时，盛传那个美人是水仙龙女。

文征明与垂虹桥

文征明（1470—1559），明书画家、文学家，初名壁（亦作璧），字征明，以字行于世，号衡山居士，长洲（今江苏苏州）人。五十四岁以岁贡生荐试吏部，任翰林院待诏，三年辞归。书工行、草，有智永笔意；大字仿黄庭坚，尤精小楷，亦能隶书。画擅山水，师法宋、元，构图平稳，笔墨苍润秀雅，早年所作多细谨，中年较粗放，晚年粗细兼备。兼善花卉、兰竹、人物。名重当代，学生甚多，形成“吴门派”。与沈周，唐寅、仇英并称“明四家”。亦工诗，宗白居易、苏轼，有《甫田集》。

◎文征明像

文征明对于垂虹桥，与唐寅一样，也是既有诗，也有画，且画中又有诗。先来看他在《垂虹别意图卷》里写的诗：

久客怀归辞旧知，扁舟江上欲行时。
多情最是垂虹月，千里悠悠照别离。

明代吴人南下送别，往往止于垂虹桥，这似乎成了一个风俗。此诗的后两句可谓是垂虹送别的佳句。

文征明为垂虹桥所作之画，为《垂虹送别图》。该图纵 29 厘米，横 109 厘米。绢本，设色画。故宫博物院藏。《中国古代书画图目》第二十册著录。所作时间不详。

此图卷首有吴地人，嘉靖八年进士王谷祥篆书引首：“垂虹送别”。画右起为吴江东门城垣、门楼，门下即垂虹桥，经文氏艺术剪裁，桥身只画三孔，桥上有一人，桥左坡底有二人，作话别状。坡左有楼宇一座，望之水天一色，客船扬帆，画左右上皆平林漠漠，远山如黛。左下款：“征明”。画中垂虹桥虽非对景实写，而送别之情，溢于笔墨之中。

卷后有文征明自题诗一首：

◎文征明《垂虹送别图》

三载松陵重抚绥，忽随征诣向彤墀。

一时目际明良会，百里方怀父母慈。

岁歉具忧民乏食，政成还免众流簃。

垂虹桥下棠千树，画属君侯去后思。

诗的最后，以垂虹桥下的千树棠花作为象征，赠以此画来表达与尊者的作别之情。

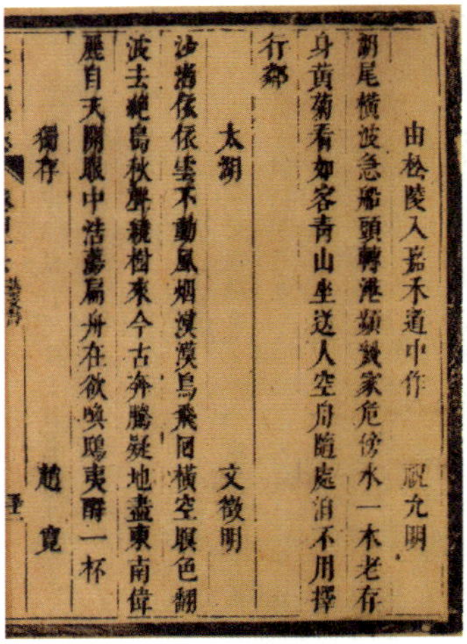

由松陵入苕不道中作　祝允明

新尾横波急艣頭轉港類黃家危傍水一木老存身黃菊看如客青山坐送人空舟隨處泊不用擇行鄰

太湖　文徵明

沙渚依依雲不動風烟漠漠鳥飛回横空暝色翻波去絕島秋聲繞樹來今古奔騰疑地盡東南偉麗自天開眼中浩蕩扁舟在欲喚鴟夷酹一杯

獨存　趙寬

◎清康熙《吴江县志》载文征明《太湖》诗

翻阅吴江方志，还可见文征明写吴江其他景物的诗，如清康熙《吴江县志》载有他的《太湖》诗：

沙渚依依云不动，风烟漠漠鸟飞回。

横空暝色翻波去，绝岛秋声绕树来。

今古奔腾疑地尽，东南伟丽自天开。

眼中浩荡扁舟在，欲唤鸱夷酹一杯。

此诗虽然写的不是垂虹桥，但写的是以前离垂虹桥仅三里之遥的太湖，读之，可感受到垂虹桥之水上源的风貌。

徐祯卿与垂虹桥

徐祯卿（1479—1511），明文学家，字昌谷，一字昌国，吴县（今属江苏苏州）人，弘治进士，官国子监博士。论诗主情致，与后来王士禛所倡导的“神韵说”有相通之处。其诗风格清朗，少数作品指陈时事，隐寓讽刺之意。有《迪功集》《谈艺录》等。

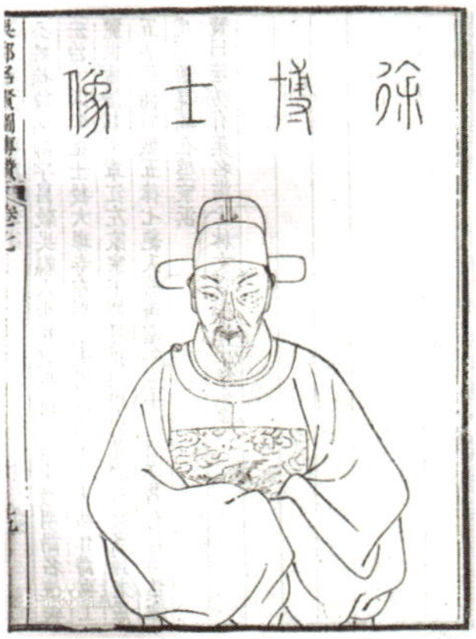

◎徐祯卿像

在民间传说中，徐祯卿不在“吴中四才子”之内，而在唐、祝、文之后加了个“周文宾”，事实上，周文宾在史书中是没有的，是后人杜撰的。徐祯卿的诗风格清朗，但不擅书画，性格也与唐、祝、文三人有所不同，大概是这个缘故，来了一位相貌秀美的“周文宾”前来与彼三人“相聚”。

唐寅、祝允明、文征明三位对于吴江垂虹桥既有诗文，又有书画，徐祯卿当也不甘示弱，查阅吴江方志和

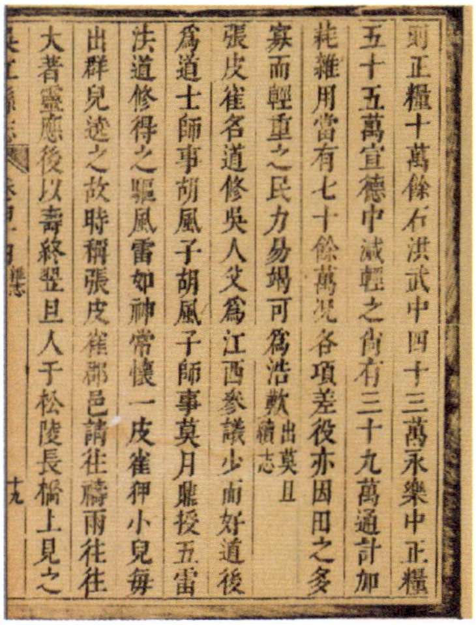
則正糧十萬餘石洪武中四十三萬永樂中正糧
五十五萬宣德中減輕之尚有三十九萬通計加
耗雜用當有七十餘萬况各項差役亦因田之多
寡而輕重之民力易竭可爲浩歎出莫旦續志
張皮雀名道修吳人父爲江西參議少而好道後
爲道士師事胡風子胡風子師事莫月鼎授五雷
法道修得之驅風雷如神常懷一皮雀狎小兒每
出群兒遶之故時稱張皮雀郡邑請往禱雨往往
大著靈應後以壽終翌旦人于松陵長橋上見之

◎清康熙《吴江县志》载徐祯卿《异林》节录

其他有关书籍，见有他多首（篇）诗文写到了吴江和垂虹桥。

在《送耿晦之守湖州》这首诗中，徐祯卿在开头就写到了吴江：“远下吴江向霅川，高秋风物倍澄鲜。”在题为《归自松陵》中写道：“十里风帆日未斜，江城春晚见桃花。深深门巷无人过，燕子还随客到家。”在《题扇》中吟道：“渺渺洞庭秋水阔，扁舟摇动碧琉璃。松陵不隔东南望，枫落寒塘露酒旗。”

徐祯卿写到垂虹桥的文则有他的《异林》，清康熙《吴江县志》上刊有其节录：

张皮雀，名道修，吴人，父为江西参议，少而好道，后为道士，师事胡风子，胡风子师事莫月鼎，授五雷法，道修得之，驱风雷如神，常怀一皮雀狎小儿，每出，群儿绕之，故时称张皮雀。郡邑请往祷雨，往往大著灵应，后以寿终。翌旦，人于松陵长桥上见之。

关于张皮雀的故事，后来明代文学家冯梦龙据此在《警世通言》第十五卷《金令史美婢酬秀童》中做了更为详细的描述。

徐祯卿写垂虹桥的诗则有《吴江桥亭游眺》：

郡右多丽山，湖南富鲜水。
溶溶苍树浮，漭漭白云起。
中土屹裒城，重波泛人市。
出郭接修梁，垂穹贯遥沚。
上有临流沟，高风衍清祀。
百汇引虚明，诸州折表里。
隐约云中樯，纷纭隰间耔。
宵澄月色阔，风送渔歌靡。
空睇眇不极，瑶胸荡馀滓。
悟彼扁舟人，伤此尘代子。

诗题中的“吴江桥”，指垂虹桥；“亭”，即指垂虹桥桥心的垂虹亭。诗中的“郡右”，指苏州城西；“多丽山”，苏州城西有七子山、上方山、吴山岭等多座山峰；“湖南”，指太湖之南，吴江地处太湖东南，故诗中指吴江。

这首诗，在诗人立于垂虹亭所眺目见之中，有太湖和吴淞江的水景，“溶溶苍树浮，漭漭白云起”；有吴江城和东西绵延的垂虹长桥，“出郭接修梁，垂穹贯遥沚”；有垂虹桥畔祭祀范蠡、张翰、陆龟蒙的三高祠，“高风衍清祀”；有水面上的帆樯，“隐约云中樯”；有田间的作物，“纷纭隰间秄”……除了白天的画面，还有夜景，“宵澄月色阔”；除了视觉所见，还有听觉所闻，“风送渔歌靡”。徐祯卿的这首古风把垂虹桥周边的景色描述得可谓详尽。在诗的结尾，还由景及人，“悟彼扁舟人，伤此尘代子。”

吴江的明代桥梁

明代（1368—1644）距今不是太遥远，但最近的也已有370多年了。吴江具有悠久历史的古桥确实多，除了3座宋代桥梁、1座元代桥梁外，尚有4座明代的桥梁，分别为七都镇的洪恩桥和广福桥，八坼街道的朴泽桥，平望镇的安民桥（该桥在本书《运河上的吴江桥梁》一文中做介绍）。

先来说洪恩桥，该桥位于七都镇望湖村，横跨张港。这张港是太湖南沿七十二港之一，清代孙阳顾纂、曹翠亭增纂的《儒林六都志》对此港作了这样的描述："直南受铁家港之水（此水从白田漾分来），经御史桥北行以出于湖西南，系野庙港支流，折而东入染店浜，由小浜北行，又转而东与御史桥北行之水合同过塘桥，以出于湖。"

洪恩桥俗名环桥，拱形单孔，东西走向，据桥拱券题刻所载，建于明成化六年（1470），由当地皇甫等姓25户人家捐银72两建造。此桥距今虽已有550多年，但基本保持原貌，除桥面石级经后人整修，局部改为花岗石外，其余均是青石构筑（明代时，江南一带常用青石来造桥，因此石材为青石系明代桥梁的一大特征），桥长13.3米，堍宽2.5米，顶宽2.24米，甚是小巧玲珑，矢高3.05米，跨度为5.6米，矢跨比大于二分之一，堪属陡拱，有利于船只通行。桥的拱券采用典型的明代做法，分节并列砌置，券石之间用榫卯相接，上下错缝，券石横向则用"铁扁担"、腰铁连接，以增强券石之间的整体性。让人称奇的是，洪恩桥的桥基没有采用常见的木桩基和多层水盘石，而是将底盘石和桥墩脚直接筑在地基上，地基上纵横相间铺

◎洪恩桥

设一层长条青石，桥台就砌筑在这青石之上。这种做法颇为少见，与当地特有的土质有关。包括七都在内的吴江沿太湖一带的土壤为小粉土，这种土壤呈颗粒状，非常细腻板结。洪恩桥正是利用了这种土壤，将之作为天然桥基，既省工省料，又保证质量，充分反映了当时造桥者的聪明才智。

◎洪恩桥建桥捐银者题刻

洪恩桥南北两侧各有两只“桥耳朵”（系石），在其端面均雕刻着一种怪异的“吸水兽”，其模样为：宽鼻、突眼、阔嘴，额旁生角，腮边有爪，面目甚是狰狞可畏。据对古石桥颇有研究的吴国良先生介绍，这种怪物叫“蚣夏”。明代杨慎《升庵外集》卷九十五中云：“俗传龙生九子，不成龙，各有所好……六曰‘蚣夏’，性好水，故立于桥柱……”洪恩桥上雕刻“蚣夏”，让其俯首向下，正视河心，寓意着欲使流水恬静安宁，不让河中妖孽兴风作浪，表达了当时人们辟邪禳灾、安居乐业的愿望。细看这雕刻，颇为精致，上部阴刻眼圈，两侧刻着双耳，阔嘴以弧线勾画，弧线下以小三角表示牙齿，额上刻曲线须毛，腮边则刻有两爪……为构造奇特的洪恩桥增添了些许艺术之美。

接着来看广福桥。该桥位于七都镇隐读村，其西堍为浙江湖州地界，始建于元至正十四年（1354），明正统十四年（1449）重修，嘉靖十六年（1537）重建，现存之桥由当时江苏省吴江县和浙江省乌程县于明天启元年（1621）合建，从桥上题刻中可得知，当时由 95 人捐银 99 两 4 钱。桥拱形单孔，由武康石（紫石）、青石和少许花岗石构筑，全长 17.4 米，桥顶宽 2.34 米，桥堍宽 2.64 米，矢高 3.17 米，跨度 6.9 米。广福桥拱券的砌置方式颇为特殊，采用了分节并列和纵联分节并列两种方式。所谓分节并列，即是拱券上下券石错缝连接，这种砌置方式见于明代以前的桥梁；所谓纵联分节并列，即是拱券上下券石之间加有“龙筋石”，清代、民国时期的拱形石桥都采用此种砌置方式，这较之于以前的分节并列，既增强了桥的横向整体性，又增加了桥的美观性，是造桥技术的一大进步。广福桥的拱券则以分节并列和纵联分节并列两种方式砌置，具有明显的由明向清过渡的时代特征，这在吴江全区所有古石桥中是绝无仅有的。

广福桥上的题刻也颇多，除了捐银题刻外，尚有尖角嫩叶、含苞待放的莲花雕刻。

在江南一带的古桥上，莲花图案有刻在“桥耳朵”（系石）端面的，常见形状是向外开放的莲瓣中再刻一莲蓬，有刻在望柱头上的，有仰莲和覆莲之分，也有刻在排柱或拱券石上，广福桥上的莲花图案就是刻在拱券石上的。

◎广福桥

再来看朴泽桥。该桥位于八圻街道直港村，拱形单孔，东西走向，跨于朴泽港上，始建于明嘉靖三十四年，即公元1555年（桥拱券正中刻有一块建桥的碑记，上有“明嘉靖乙卯五月”字样），这记载与桥的构石相吻合，全桥除桥面石级和部分龙筋、间壁外，均为青石构筑。

◎朴泽桥

朴泽桥全长只有13.5米，堍宽2.2米，桥顶宽仅1.85米，甚是小巧玲珑，从远处望之，犹似一件掌上玩物，但拱洞完整，其影投在碧水之上，虚实相接，合成一个规圆，桥身青白如洗，像是一件晶莹剔透的玉器。在绿树、芦苇的掩映下，小桥透射着一股清新、古朴的气息，给水乡小村平添了几份逸趣。

吴江县学遗址上的泮池石桥

吴江县学遗址，位于原吴江中学，现吴江区委党校、吴江区老年大学内，江苏省文物保护单位吴江文庙的西侧，为第三次全国文物普查点。

遗址上有一碧水池，池中金鱼历历可数，池四周山石嶙峋错落，圆形半岛上一株树皮斑驳的金针松伸展着虬枝。这池即吴江学宫前的水池，名为泮池。

泮池北边建有一座名为“坐仰先贤”的碑亭，亭中立着一块明万历元年（1573）由吴江籍翰林院庶吉士徐师曾作记的“重修吴江县庙学记”石碑。此碑虽已有碎缝，但上面的文字可辨：“今天下，无无学之郡县，亦无无庙之学。慨自宋兴迄于庆历，而天下学宫犹不能备，独我吴江之学肇于大中祥符（编者注：大中祥符为1008—1016），盖前此三十余年，可谓幸矣……”由此可知，吴江的县学要比宋庆历年间（1041—1048）全国各郡县都有庙学时要早30多年，由此，也可证明吴江实乃文化教育的先驱之地。

◎吴江县学遗址鸟瞰

◎吴江县学遗址“坐仰先贤”碑亭

泮池北侧水中有三个巨大的青石柱础，为明代吴江县学明伦堂的遗迹。泮池南侧则有一座断桥显露于清波之上，系当年吴江县学内泮池石桥的遗存。

据清乾隆《吴江县志》载，吴江县学初在县治东南，始建年代无考。宋大中祥符五年（1012），朝廷下诏全国各地郡邑修建庙学。吴江知县李恭、县尉聂复"始作新之"，由为吴江留下"扁舟系岸不忍去，秋风斜日鲈鱼乡"之诗句，时任转运使的北宋大臣陈尧佐作记。

吴江县学在南宋、元间几度毁建、重修。至明正统十三年（1448），巡抚周忱、知府朱胜复迁徙县学左右的民居，以扩展宫墙，改建明伦堂于大成殿的西侧，明伦堂下为两斋，左曰"日新"，右曰"时习"，上下为号房、琴书楼，在其后有土山"枕其阴"，堂前为泮池，池上跨以石梁。现所存断桥，虽不完整，但也弥足珍贵，从中可依稀看到当年吴江县学的一些风貌。

◎明伦堂石础

◎泮池石桥遗存

通安桥上的对联石

◎清光绪年间的通安桥（远处）

通安桥，横跨江南运河古运河，初为拱形三孔，后改为单孔，西堍是平望镇南前街和姚家弄，东堍原也为镇区，民国二十六年（1937）十一月，侵华日军入侵平望后被毁，后被辟为水产养殖场用地。当地人将通安桥呼为南渡桥、南大桥，是相对于它的北面还有一座石拱桥——安民桥（俗称北渡桥、北大桥）而得的。通安桥，亦名赛安桥，又名画眉桥，相传“桥初成，藏一石画眉于内，舟有画眉经其下者，辄无声，知者携笼从岸而过。”有关通安桥的别名画眉桥，在古人的诗词中多有描述。如张世炜的诗为：“春山斜映碧波娇，八字双蛾着意描。京兆风流今在否，行人笑指画眉桥。”周芳的诗中有句云：“画眉此地谁家女，杂沓尘嚣恐未工。”顾贞观的《六桥词之一·调寄踏荷美人》中有句云：“双鱼好把夜来潮，此信拆开，应傍画眉桥。”

通安桥初建于北宋政和元年(1111)，南宋淳熙十二年(1185)、明成化八年(1472)、天启二年（1622）、清康熙五十一年（1712）、乾隆四十七年（1782）数度重修、重建，最近的一次修治是在清同治十一年（1872）。1970年代，该桥改建为了水泥桥，一些原构件散落各处。2006年，笔者去雪湖村，路过看到通安桥东侧小西村的渠道上遗有两块桥石，上面均镌刻着联句，一块上镌：“文曜西临发桂香”，另一块上刻“彩虹影接画眉春”，看来这两联句均为下联（句尾之字均为平声），后一联句与该桥藏有石画眉的传说相吻合。遂即告平望文体站。后站上组织人员前去搬运，但已不知去向，经再三寻觅，在不远处一家农宅院前寻得一块，置放于平望水利站内。

苏嘉铁路遗址上的桥墩与桥

1932年发生“一·二八”事变后，国民党政府被迫与日本签订了《淞沪停战协定》，将上海划为非军事区。而上海是华东的重要铁路枢纽，这样的规定无疑是切断了中国的军运路线，并削弱了当时的首都南京东翼的防御。对此，国民党政府为贯通京沪线（今沪宁线，下同）与沪杭甬线这两条铁路，便于1935年2月开始修筑苏嘉铁路。1936年4月下旬，全线工程基本竣工，由于处于水网地区，桥梁涵洞甚多，由北向南依次编号。

1936年7月15日，苏嘉铁路正式运行，全线长72公里（在吴江境内长47公里），设苏州、相门、吴江、八坼、平望、盛泽、王江泾、嘉兴8个站。苏嘉铁路开通后，不仅在国防上起了较大作用，而且促进了当地经济的发展。以吴江为例，通车当年（实际仅5个半月）运出的蚕丝价值200余万元，绸缎600余万元，米粮500余万元，牲畜鱼虾200余万元，运进的货物也不少，火油50万元，卷烟30万元，布匹100

◎进平望火车站的号志

◎苏嘉铁路旧影

◎水塔

◎平望火车站

万元，南北杂货 130 余万元。

1937 年，“八·一三”淞沪抗战爆发后不久，日军控制了上海闸北地区，使京沪线与沪杭甬线被切断，靠苏嘉铁路贯通这两线。因此，苏嘉铁路上的兵员伤员军需辎重运输格外繁忙。日军便出动大批飞机对该线进行狂轰滥炸。11 月 5 日，日军在金山卫登陆后，直扑中国军队的侧背。9 日，日军沿大运河北上抢占盛泽史家浜苏嘉铁路 75 号、76 号桥，同日，盛泽镇陷落。另一路日军由浙江西塘经黎里于 14 日进犯平望。18 日，吴江陷落。翌日，苏州、嘉兴同落敌手。至此，苏嘉铁路全线被日军占领。

日军占领苏嘉铁路后，急欲利用其作为侵略工具。然而，沿线军民同仇敌忾，奋起抗击日寇。日寇力图保持铁路畅通，在沿线架设电网，并在各车站和重要桥梁边上建造碉堡炮楼，驻扎铁道警备队，现在盛泽镇群铁村尚存有苏嘉铁路 75 号桥炮楼。

日本帝国主义在留下苏嘉铁路 75 号桥炮楼等侵华铁证的同时，也对苏嘉铁路予以毁灭性的破坏。1944 年 3 月，日本军方面在金属等战略物资几近枯竭的窘况下，打出“协助”伪江苏省政府“收集金属”的旗号，悍然拆除苏嘉铁路全

◎白龙港苏嘉铁路桥墩

◎彻浦港苏嘉铁路桥墩

◎苏嘉铁路遗存平望北斗桥

线钢轨，使这条未满十年历史的铁路从此消失，令人痛心疾首，义愤填膺。

1958年后，苏嘉铁路路基逐渐变为农田。1977年，仅剩的原平望汽车站西铁路路基也被扒平。现江苏境内的苏嘉铁路遗存，有六处，三处在江陵街道，其中位于云龙桥西堍南北两侧的白龙桥桥墩和彻浦桥桥墩现为苏州市文物保护单位，原23号桥在新柳溪社区；八坼街道、平望镇和盛泽镇各存有桥墩或桥，其中位于平望镇莺湖村的那一座桥，桥名为北斗桥，当地俗称钵头桥。该桥所跨河流较窄，现水流几近干涸，基本成为一座旱桥，与新建的沪苏湖高速铁路近在咫尺，观之，不由令人顿生一种喟叹世事巨变的沧桑之感。

地理篇

吴江以桥命名的地名

留有遗存的地名

栅桥村

栅桥村，现为隶属于吴江区江陵街道的一个行政村，地处吴江区北部，东临文安村，南连方尖港村，西与庞山村接壤，北接同兴村。面积 4.44 平方千米，下辖龙家港、白古浜、白米浜、欠桥里、石桥头、吊和浜、刘和浜、妯娌浜、樊家湾、安港里、东桥港、钱家桥、长条港、横港上、孙家浜、小桥头等自然村，设 29 个村民小组。

明代，栅桥村属范隅下乡二十五都。清乾隆十二年（1747）后，属二十七都九图、十六图、十八图。民国时期，属吴江县第二区。民国十八年（1929）八月，栅桥、小桥两村分别属纤桥、方尖两乡管辖。民国二十三年（1934）八月，属新农乡管辖。民国三十五年（1946）初，属新民乡管辖。民国三十七年（1948）二月，属同里镇管辖。新中国成立后，属同里区镇南乡。1955 年，成立初级合作社。1956 年 3 月，属城厢区镇南乡。同年底，成立高级合作社，称五一社。1957 年 10 月，撤区并乡，属同里乡。1958 年 9 月，同里乡建立同里人民公社，由原来的社恢复原名改为大队。“文化大革命”期间，栅桥、小桥分别改名为“红升”大队、“红光”大队。1982 年 1 月，恢复原名。1983 年初，恢复乡建制，大队改为村，成立村民委员会。1985 年 10 月，实行镇管村体制，属同里镇管辖。2001 年 8 月，栅桥、小桥两村合并成立栅桥村。2002 年 12 月，栅桥村划归吴江经济开发区代管。2018 年 10 月江陵街道成立，栅桥村属之。村因村上有栅桥而得名。

栅桥，正名为永寿桥，为苏州市控制保护建筑，跨列和浜，拱形单孔，东北、西南走向，桥身由花岗岩砌置，采用纵联分节并列法砌筑。桥长 19.55 米，桥面宽 2.75 米，桥堍宽 3.0 米，跨度 6.85 米，高 3.65 米。该桥初建无考，现存之桥重建于清光绪五年（1879），由同里保婴局募捐重建，2007年12月由同里镇政府出资修缮。

◎永寿桥（栅桥）

桥的券顶龙门石上刻有“鱼水和谐”图案，桥面刻有圆形荷花图案。桥身两侧、拱券顶部各有一方“重建永寿桥”阳刻眉额。西北向柱石上刻有建造年代字样，为“光绪五年岁次己卯荷月穀旦，同里保婴局募捐重建”；东南向柱石上刻有一副对联，是为：“南达叶泽渔歌晚；西接庞湖塔影浮”。联中的“叶泽”，指叶泽湖，“庞湖”指庞山湖，此二湖与同里湖、南星湖、九里湖合成同里的“五湖环抱”。

◎大兴桥

栅桥村上另有大兴桥，也为苏州市控制保护建筑，俗称大杠桥，跨襟字、原字两圩，南北走向，拱形单孔，由花岗岩及少量青石砌筑，采用纵联分节并列法砌置。桥长16.60米，桥面宽2.40米，跨度6.40米，高3.90米。该桥初建无考，民国二年（1913）由吴江沈氏敦本、敦震、敦厚三兄弟捐资重建。2007年10月由同里镇政府出资修缮。桥拱券顶中部龙门石刻有“二龙戏珠”图案，桥面石上刻有圆形莲花图案，东西两侧拱券顶部各有一方“重建大兴桥”阳刻眉额。东西柱石上刻有“吴江沈敦本、敦震、敦厚捐建”和“中华民国二年冬十月日立”阳刻字样。

三里桥村

三里桥村，现为隶属于吴江区江陵街道的一个行政村，地处吴江区北部，东为庞北村，西为京杭大运河，南为庞南村，北为淞南村。面积3.50平方千米，下辖赵家滩、横港上、张家港、市头港、金家湾、落马桥、朱家港、方家岸、薛家桥、晒场上、窑港里11个自然村，设16个村民小组。村委会驻地窑港里如归桥东北。

◎三里桥旧影

◎三里桥近影

明代，三里桥村属吴江县范隅下乡。清雍正四年（1726）分置吴江县、震泽县时，属吴江县。民国年间，先后属城区顾墟乡、顾柳乡。1950年属城厢区庞山乡。1954年农业合作化时，属城东乡，分为三里、窑港、农产、三农4个行政村。1958年属湖滨乡人民公社金星大队。1959年金星大队分为金星、东风两个大队。1981年金星大队改称三里桥大队。1983年7月恢复村建制，为三里桥村。1985年10月，湖滨乡与松陵镇合并，属松陵镇。2002年11月，划归吴江经济开发区代管。2018年10月，江陵街道成立，三里桥村属之。

三里桥村因有始建于元泰定元年（1324）且跨运河的三里桥而得名。三里桥，现为全国重点文物保护单位京杭大运河的文物遗存，位于吴江城区北门外，横跨京杭大运河，堪称恢宏雄伟，总长50.4米，净跨16米，矢高达12.5米，其规模在全区

200余座古石桥中位列首席（详见本辑《运河上现存的吴江古桥》一文）。

◎三里桥东堍顾野王纪念馆

以前，三里桥东有一座顾公庙，祀南朝梁陈之间的顾野王。顾野王（519—581），字希冯，吴江人，幼年即好学，12岁随父到建安（今福建建瓯），便撰《建安地记》两篇，以后，学识涉及经史、天文、地理、占卜、训诂、书画等，无所不精，特别在文字训诂上成就颇高，曾搜罗和考证古今文字的形体和训诂，著有《玉篇》三十卷，他初仕梁，陈时官至黄门侍郎光禄卿。据乾隆年间刻印的《吴江县志》载，顾公庙初建无考，宋建中靖国元年（1101）改建，明宣德二年（1427）至清嘉庆十二年（1807）间数度重建、重修，最近一次重建是在清同治十一年（1872），消失于20世纪60年代。2006年，在吴江市委、市政府的重视下，在三里桥东建造了顾野王纪念馆，与三里桥一起构成了“桥庙相映”的景观。

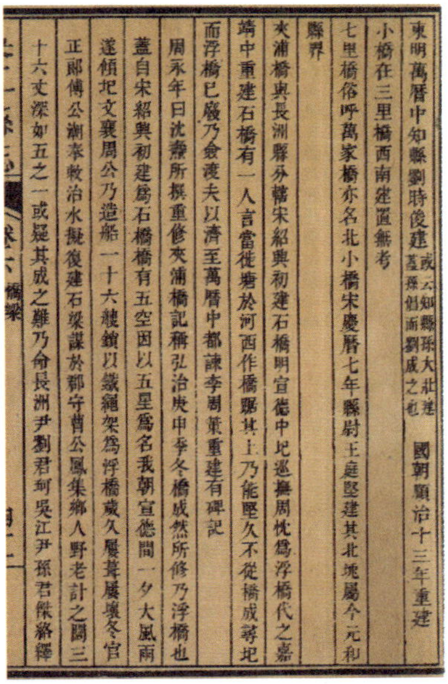

東明萬曆中知縣劉時俊建或云知縣孫大壯建葢孫倡而劉成之也　國朝順治十三年重建
小橋在三里橋西南建置無考
七里橋俗呼萬家橋亦名北小橋宋慶曆七年縣尉王庭堅建其北境屬今元和
縣界
夾浦橋與長洲縣分轄宋紹興初建石橋明宣德中圮巡撫周忱爲浮橋代之嘉
靖中重建石橋有一人言當從塘於河西作橋聯其上乃能堅久不從橋成尋圮
而浮橋已廢乃僉渡夫以濟至萬曆中都諫李尉業重建有碑記
周永年曰沈壽所撰重修夾浦橋記稱弘治庚申季冬橋成然所修乃浮橋也
蓋自宋紹興初建爲石橋橋有五空因以五星爲名我朝宣德間一夕大風雨
遂傾圮文襄周公乃造船一十六艘鎖以鐵繩架爲浮橋歲久屢葺屢壞冬官
正郎傅公謝奉敕治水擬復建石梁謀於郡守曹公鳳集鄉人野老計之闊三
十六丈深如五之一或疑其成之難乃命長洲尹劉君珂吳江尹孫君[illegible]繹

◎清乾隆《吴江县志》载浮玉洲桥

在三里桥的东南边，大窑港与大运河交接处过去尚有一座颇有名气的古石桥，名为浮玉洲桥。此桥为三孔，建于明万历年间（1573—1619），清顺治十三年（1656）、嘉庆五年（1800）重建、重修，桥上的对联颇具诗情画意，其一是为：“一弯月影映垂虹；十里波光连宝带”，联中“垂虹”指东边的垂虹桥，“宝带”指北边的吴中区宝带桥。

1997年，为保护三里桥，在桥的东侧新开一条运河，以让船只通行，在新老运河的中间形成了一个长条形的岛，辟为三里桥生态园，供市民观赏游玩。

桥港里

桥港里，是一个自然村，隶属吴江区江陵街道同兴行政村，村名中的“桥”指的是思本桥。据载，此桥系由南宋叶茵于宝祐年间（1253—1258）隐居在桥港里的顺适堂时，出资所建。

叶茵是南宋时期有名的诗人，字景文，“隐居高尚，名其堂曰顺适，藏书万卷，有水竹墅十咏……善诗，格清矫”，著有《顺适堂诗稿》，他又仰慕唐代文学家陆龟蒙，致力于汇集其诗文，编成《甫里集》二十集。叶茵在崇文好诗的同时乐于善举，曾为里中修建多座桥梁，思本桥即是其中之一。

思本桥，俗名思汾桥，拱形单孔，东西走向，跨辽浜水道，长22.5米，中宽1.85米，全由紫石（武康石）筑成，拱券以全拱并列法砌置，桥顶石梁采用两端向中间逐渐增厚、外侧又凿成弧形的做法。

龙桥村

龙桥村，现为隶属于吴江区盛泽镇的一个行政村，地处吴江区东南部、盛泽镇新城区，由原来的两个行政村合并而成。面积3.1平方千米，下设24个村民小组。全村耕地面积已基本被征用，大部分自然村涉及19个村民小组纳入新城区规划。该村靠近盛泽镇区，企业众多。曾先后获评“吴江市民主法治示范村”和“苏州市民主法治村”。村以境内有白龙桥而得名。

◎白龙桥

白龙桥现为苏州市文物保护单位，坐落在江南运河中线烂溪的支河白龙桥港上。该桥系花岗石构筑，拱形三孔，南北走向，总长40.6米，三孔拱券均采用纵联分节并列法砌置，中孔矢高5.6米，跨度9.9米，两次孔小于中孔，使桥形变化多姿，犹如长空雁序。白龙桥所跨的水面颇为开阔，东西两向紧依蚬子兜和小牛荡。在一片泱泱碧波上，形制恢宏的三孔石桥展现着雄伟多姿的身影。

◎重建白龙桥碑记

据《重建白龙桥碑记》载，清康熙初年，白龙桥港上建有一座梭墩石桥，于咸丰二年（1852）“经乱被毁”，至同治三年（1864），由镇人计汉英、钮鹤卿在港西半里许建造一座排柱石桥，于光绪二十八年（1902）塌圮。光绪三十四年（1908），“沈节母出所储千金率先捐助，本镇绸业诸君闻风慕义合集巨资。”在康熙时港口桥址上建造三孔拱桥，至宣统三年（1911）竣工，共历时三年有余，花费白银一万四千余两。

白龙桥闻名遐迩，20世纪80年代中央电视台拍摄大型电视片《话说运河》时，将该桥介绍给了海内外广大观众。白龙桥之所以声名远播，除了它的形制恢宏多姿、周围风景优美外，更重要的是桥身上镌刻着这么一副对联：“风送万机声，莫道众擎犹易举；晴翻千尺浪，好从饮水更思源”。

“风送万机声”，是盛泽纺织业生产规模的真实写照。

“晴翻千尺浪”，可视为写景之句，也以比拟手法，描绘了一幅绸缎炼染业的兴盛图景。

上下联的后半部分用了“众擎易举”和“饮水思源”这两个成语。一方面颂扬了建桥的功德，感叹建桥的艰辛；另一方面告诉人们，不论是造桥之类的公益义举，还是丝绸业的发展兴旺，全赖于众人的齐心协力，当然也决非易事。作为后人，我们要饮水思源，将先人的优良品德发扬光大才是。

白龙桥的雕刻艺术也让人称道。桥顶面石和拱券龙门石上分别刻有“笔（必）锭（定）如意”“瓶（平）笙（升）三戟（级）”和“云龙”“太极”等图案。“太极”图案以黑白两个鱼形纹组成，故也俗称“阴阳鱼”，展现了一种互相转化、相对统一的形式之美。

双塔桥村

双塔桥村，在吴江区西南部，属七都镇。八（都）七（都）公路、230省道横贯全村。2001年由李家港村和行军村合并而成。面积4.5平方千米，有李家港、姚家湾、濮家湾、北虞扇、南小虞、豆腐兜、行障圩、旱巨圩、杨甸等自然村，下设27个村民小组。曾获“江苏省和谐社区建设示范村”“江苏省卫生村”“吴江区文明村”“吴江区示范社区”等荣誉。该村以境内有双塔桥而得名。

◎浮碧庵与双塔桥

双塔桥，现为苏州市文物保护单位，桥南侧是稽五漾，桥北侧是倪家漾，桥东堍为震泽镇贯桥村，桥西堍为浮碧庵。明洪武年间（1368—1398）始建，在水中小洲东西各建一拱形三孔桥，名叫双石桥，后在两桥堍镇以石塔，故名双塔桥。明万历七年（1579），浙江南浔董份重修。清康熙年间（1662—1722），两桥俱圮。清雍正七年（1729），里人盛宣令、邱美中募捐重建，东侧的那一座仍为拱形三孔，西侧的那一座则改作梁式。现存之桥（东桥）为清光绪二十七年（1901）重修，保持雍正时的形制。桥堍两塔毁于“文化大革命”时期。1982年，电影《杜十娘》在双塔桥拍摄杜十娘掷百宝箱于水中等镜头。1997年9月，双塔桥被列为吴江市文物保护单位。

◎七都双塔桥桥联(周德华供稿)

双塔桥拱形三孔，东西走向，全长34.3米，中宽3.4米，堍宽3.7米，中孔矢高5米，跨径9.1米，两边孔跨径均4米。桥面两侧筑有护栏，高0.5米，宽0.2米，东西踏步均28级，级宽0.46米，级高0.12米。

桥主要构件为花岗石，桥面及两桥台杂有武康石和青石。拱券采用纵联分节并列法砌置。桥顶立有四根望柱，每根柱子上都雕着一头惟妙惟肖的狮子。

在桥顶上，举目而望，只见远处太湖洞庭东山山清水秀，收眼近观清晰可见，稽五漾里波光粼粼，渔舟点点，耳畔不时飘来渔家姑娘悠扬婉转的歌声……这情景与桥北向桥身上的一副对联："遥对莫厘峰，别饶胜境；滨临稽五漾，时听渔歌"相吻合着。桥上还镌刻着另外三副对联，其中一副为"唯上上田，农桑兴大利；活泼泼地，兰若宛中央"。上联真切地描述了当地蚕桑业的繁盛景象，下联中的"兰若"（佛寺的代称）指的是浮碧庵。此庵第一进供王灵官菩萨；第二进供圣帝菩萨；第三进供观世音菩萨，现存清代建造的观音殿，为吴江区未定级不可移动文物。前些年，当地对该庵进行了整修，不时有善男信女前来进香。

东庙桥村

东庙桥村，在吴江区西南部，属七都镇。位于七都镇的西南端，处于江浙两省交界处，南、西与浙江省湖州市南浔区接壤，230 省道纵穿全村，2001 年由横塘村、永民村、长村村三村合并而成。面积 4.7 平方千米，有东方圩、张家兜、许家港、清水池、石家扇、长村、龙虎桥、凤凰桥、邱刁湾、陆家港、三家村、横古塘、宋店兜、暗章兜、南巷上等自然村，下设 28 个村民小组。该村是特色蔬菜雪里蕻及大头菜的生产基地，曾获"江苏省卫生村""江苏省生态村""吴江市文明村"等荣誉。村因有东庙桥而得名。

东庙桥建于南宋绍定年间（1228—1233），梁式三孔，东西走向，全长 21.5 米，中宽 2.1 米，堍宽 2.75 米，中孔跨度为 4.6 米，高 4.31 米。全桥除民国年间增置花岗岩栏石、望柱外，其他均由初建时的武康石构筑。

◎东庙桥

东庙桥的构造技术颇有特色。其底盘石和排柱浑厚稳重，排柱与横系石平接严密，受力匀称。三孔桥面架设 6 根石梁，石梁间铺设石板。每根石梁都是两端为 31 厘米，中间增厚至51厘米，外侧又凿成弧形，这不仅可增大压力，减少受拉力，而且使得整个桥面略成拱形。石梁之下的长系石上尚有四个直径为18厘米的半月形孔，此乃建桥时安置托木所用。

东庙桥为南宋石桥让人更加深信不疑的是该桥中孔石梁中段刻有“绍定”字样，这“绍定”是南宋皇帝宋理宗赵昀当政时的一个年号，他共做了40年的皇帝，期间用了8个年号，依次为：宝庆、绍定、端平、嘉熙、淳祐、宝祐、开庆、景定，这“绍定”为第二个年号，共历6年。

东庙桥不仅历史悠久，其雕刻艺术也颇为精湛。桥次孔石梁边端分别刻有四朵形状各异的如意云。桥上刻上如意云图案，寓意吉祥，反映了当时人们对美好生活的期盼，也给古朴的东庙桥增添了些许飘逸的气息。

东庙桥村上还有喜雨桥、交界桥，均为苏州市控制保护建筑。

花木桥村

花木桥村，在吴江区西部，属震泽镇。位于震泽镇西北，距镇5千米。东连三扇村，南临徐家漾，西与长家湾村相接，北靠连家漾。面积6.7平方千米，下辖张家浜、庄家湾、北道、南天东堪、太龙浜、花木桥、姚家里、花木塘、南塍上、李家湾、金家湾、罗家里、蛤蜊浜、吴家浜、中央里、高家埭、盛家里、张家港、浪池港、鱼池上20个自然村，设38个村民小组。村委会驻地设在花木桥自然村。2003年7月，花木村、庄家村、李家村、勤星村四村合并为花木桥村。全村水稻面积1644亩，水产养殖面积1030亩，桑地面积996亩。曾获“江苏省民主法治示范村”“吴江市文明村”“吴

◎花木桥

◎花木桥近影

江市和谐社区建设示范社区”等荣誉。村因境域内有花木桥而得名。

花木桥为苏州市控制保护建筑，系梁式三孔，跨花木村河，东西走向。桥身为花岗石构筑，桥台金刚墙用青石砌置。桥全长 23.1 米，面宽 1.65 米，中孔跨度 5.5 米，高 4 米。东西坡级均为 10 级。东西桥堍小平台部分分别为南北向石级。该桥建于民国十三年（1924）。中孔桥面石南北两侧均刻有“花木桥”桥名，中孔排柱两侧分别刻有桥联：南侧为：“新圯已成可免跋涉；丕基永奠咸得利济”。北侧为：“北望洞庭湖山隐约；南通笠泽溪水萦回”。

花木桥村上还有北花木桥，也为苏州市控制保护建筑，位于姚家自然村里。该桥为梁式三孔，跨花木村河，东西走向。桥身为花岗石构筑，桥台金刚墙用青石砌置。桥全长 21.1 米，中宽 1.68 米，中孔跨度 5 米，高 4 米。东西坡级均为六级。该桥建于民国十七年（1928）。该桥中孔桥面南北两侧均刻有“北花木桥”桥名，冒枕石两端面刻有“暗八仙”图案。中孔排柱两侧分别刻有桥联：南侧为：“旧日板桥红树石应纪戊辰岁；垂虹烟火碧天中直射斗牛光”。北侧为：“千顷莅涛北去好追宗悫志；万家灯火南来合汇頔塘流”。

◎北花木桥

◎北花木桥系石雕刻

九里桥村

九里桥村，在吴江区西南部，属桃源镇。位于桃源社区东南，村东沿江南运河中线（烂溪）与浙江乌镇隔河相望，于 2001 年 8 月由九里桥村和永康村合并而成。面积 1.8 平方千米，辖杨家浜、计家里、庵三场、横港、禹王坝、李家湾、沈家湾、陆家浜、冯家浜、董家浜、鸭来浜、乌桥头、汪家港 13 个自然村，下设 20 个村民小组。全村现有耕地2229亩，全部为商品苗木种植用地，曾获“吴江市文明村”“吴江市先进农技推广奖”等荣誉。村以有烂溪旁古桥——九里桥而名。

◎九里桥

九里桥，现为苏州市文物保护单位，是烂溪塘上的一座纤桥（俗称百孔官塘，又称铁链桥），因距浙江乌镇九里路程，故名。该桥为拱形单孔，很是小巧玲珑，跨度、矢高仅为3.2米和2.5米，初建无考，现存之桥为清宣统元年（1909）重建。1994年7月，列为吴江市文物控制单位。2014年6月，公布为苏州市文物保护单位。

桥的东西两向均镌有对联，颇有点意思。其一为：“此地容或逢黄石；前途无处不青云”。联中的“容或”是或许、也许之意；“黄石”，指黄石公，即圯上老人。据《史记·留侯世家》记载，传说张良刺秦始皇失败后，逃亡下邳（今江苏睢宁），遇一老人于圯（桥）上，授以《太公兵法》，自称：十三年，“见我济北谷城山下，黄石即我。”十三年后，张良从汉高祖刘邦过济北，果然在谷城山下得黄石。张良死后，遂与这石并葬。后代流传有兵书《黄石公三略》三卷。下联中的“青云”也出自《史记》，《范雎蔡泽列传》中言“贾（须贾）不意君能自于青云之上”，后以“青云直上”比喻人迅速升到高位。全联意为：抵临这里，也许会像当年张良那样遇到黄石公，以受到厚遇；从这里走向前方，处处会碰到好运……

◎桃源九里桥对联上联

◎桃源九里桥对联下联

另一副联为：“九曲水流溪潋滟；两傍道路跨康庄”。颇有些诗情画意：脑海中勾画出一幅画面：流经越尾吴头的烂溪，水光潋滟，弯弯曲曲，逶迤向前；烂溪两岸的道路十分便捷，四通八达。综观这两联，言简意赅，将桃源人对过往船只行人的祝福尽付联中。

如今，来到九里桥下，来到昔日的纤道上，虽已见不到牵着纤绳将船引向前方的纤夫，听不到其雄浑的背纤号子声，但还是能寻觅到不少古纤道的神韵雅趣。纤道两侧，飘拂着妩媚动人的垂柳，错落着青青的芦苇和蒿草，一起簇拥着纤道伸向远方。环顾四周，只见远处村树掩映，薄烟袅袅，近处油菜金黄，小麦青绿，河面上机动船的轰鸣声与岸边抽水机的欢叫声融合着，在广袤的原野上回响……如游兴尚高，可往南行九里，可到文学大师茅盾先生的故乡——浙江乌镇去走一遭。

迎春村

迎春村，在吴江区西南部，属桃源镇。位于桃源镇铜罗社区，1981 年由工农大队更名为迎春大队，1983 年更名为迎春村。2001 年 8 月后兴村和罗北村合并成立罗北村，2003 年 7 月罗北村和迎春村合并成立迎春村。面积 3.49 平方千米，辖沈家场、龚浜里、莫家门、金家浜、沈家浜、蔡庄、横港上、祝家兜、桐油浜、蒋家浜、后塘港、得龙泾、横上浜、钮家浜、庄里、后兴浜 16 个自然村，下设 24 个村民小组。全村农用地面积 1313.57 亩，其中水稻面积 36 亩，桑蚕面积 40 亩，林地 1237.57 亩。农副业以商品苗木种植为主，曾获“江苏省卫生村”“江苏省生态村”“吴江社区服务中心示范点”“吴江市关工委先进示范村”等荣誉。村因有迎春桥而得名。

◎迎春桥

◎迎春桥东堍

迎春桥，位于迎春村人民街，东西走向，跨迎春河。为梁式三孔，由花岗石砌筑，桥身上有石栏，望柱 4 对。桥长 15.3 米，中宽 1.95 米，中跨 5.2 米，高 2.95 米。初建无考，现存之桥为民国时期重建。2019 年 8 月公布为苏州市控制保护建筑。

该桥西堍紧挨汪宅。汪宅为苏州市文物保护单位，建于民国初期，共有六进，第一进临水，建有一座“双落水”的河埠（宅东侧依河也建有河埠），此进原是楼房，后改为平屋，第二进与第一进之间为街路，第二进至第五进均为楼房，第六进为平房。第二、三、四进后面均置有砖雕门楼和石板天井。汪宅在充分体现小桥流水人家风貌和民国初期江南民居建筑风格的同时，汪宅也具有较高的人文价值，为中国科学院院士汪集旸的故里。

开阳村

开阳村，在吴江区西南部，属桃源镇。位于桃源镇铜罗社区东北，东沿江南运河中线（烂溪）与浙江嘉兴市秀洲区新塍镇隔河相望，北与盛泽镇相连。面积 2.61 平方千米，辖开阳桥、南扇浜、南埭、杨家埭、归家埭、丁家浜、许家荡、徐田湾、陆家荡、金家庄 10 个自然村，下设 14 个村民小组。全村农用地面积 1350 亩，全部种植苗木。曾获“江苏省民主法制示范村”“苏州市民兵规范化建设先进单位”“吴江市文明村”等荣誉。村因有开阳桥而得名。

开阳桥，跨南扇浜，梁式三孔，金钢墙多为青石，南桥台四根排柱为武康石，余为花岗石，桥上置有石栏。桥长 23.6 米，中宽 2.1 米，中跨 6.1 米，高 4.4 米。初建无考，清光绪二十五年（1899）重建。2019 年 8 月公布为苏州市控制保护建筑。

◎开阳桥

桥身上镌有对联，东向为：“前通严市，后达麻庄，地拓康衢跡南北；近汇烂溪，遥源苕霅，派襟吴会界西东”。西向联“霅水八丈四尺，向兼壬丙三分；光绪廿有五年，岁在己亥六月”。联中的“严市”，指严墓，即今铜罗古镇；“麻庄”，指南麻，即今盛泽镇南麻社区；“霅水”，即霅溪，为今浙江省湖州市境内的一条河流，“霅”是形容水流激起的声音。

富乡村

富乡村，在吴江区西南部，属桃源镇，位于桃源镇铜罗社区北，东与盛泽镇桥南村隔港相望，南与铜罗社区相连，西与大德村隔河相望，北邻震泽镇，苏震桃、嘉浔湖一级公路贯穿本村，2003年7月由富乡村、永宁村、高路村合并而成。面积6.27平方千米，辖五渡坝、郑产桥、钟家坝、乌桥头、北窑浜、北得龙泾、盛家坝、小港上、豆腐浜、北宗浜、钮家浜、陈汇头、麻家浜、蒋家浜、蔡家里、姜牙池、庞家兜、石家埭、屠家浜、汇廊、倪家浜、吴家横、高草路23个自然村，下设41个村民小组。全村有水稻、苗木面积2880亩。农副业为苗木、水稻、油菜种植和蚕桑生产等。有南洋物资、彬港塑胶、宇晨纺织、诚盈利华等150余家民营企业。村因有富乡桥而得名。

富乡桥，位于富乡村钟家坝港，初建无考，清乾隆四十九年（1784）季春重建。桥为东西走向，梁式三孔，长16米，宽1.4米，高3.4米，中跨4.9米，一组排柱由武康石砌筑，金刚墙为青石、花岗石相杂，余为花岗石砌筑，桥台累砌，桥石板侧面镌有纹饰。该桥1994年7月列为吴江市文物控制单位，2019年8月公布为苏州市文物保护单位。

◎富乡桥

桥北社区

桥北社区，位于吴江区东南部，属盛泽镇。东至红安路，南至东方中路，西至圆明寺桥，北至如意路，辖境内有住宅楼650幢。面积1.4平方千米，下设27个居民小组。辖区内有程开甲小学、盛泽第一中学、新世纪幼稚园等教育单位，有吴江第三人民医院、盛泽妇幼保健医院、公共卫生服务中心等医疗机构，有桥北菜场、舜洁水厂等生活配套设施。该社区曾获“安全文明小区”“和谐示范社区”“民主法治示范社区”等荣誉。

社区名中的“桥北”系指桥北荡，即红梨湖，相传明代初年江南巨富沈万三在湖畔植万株红梨树，而其中的“桥”则指白马桥。

◎白马桥

白马桥，亦名白马寺桥、东旸桥、圆明寺桥，初建于明崇祯二年（1629），清康熙三十六年（1697）、乾隆三十三年（1768）、道光年间（1821—1850）数度重修、重建。后圮。同治十年（1871），经知县万青选上请劝捐，予以重建。1949年4月毁于战火。2021年，盛泽镇政府和圆明禅寺予以重建，恢复了往日圆明寺桥的宏观，与桥西侧重建的圆明寺构成了江南水乡特有的“桥庙相映”景观，并在桥的南北两向桥柱上镌刻了四副对联。

◎白马桥对联

南向主拱联为：“忆先贤，竭虑殚精玉蝃重通堑；看舜水，织云绣锦寺桥又映辉”。联中的“先贤”指清乾隆年间盛泽徐氏父子，清末任吴江知县的万青选（周恩来外祖父）等为白马桥做出杰出贡献的人士。副拱联为：“登圯上，览千层云浪；倚舟中，听百八钟声”。

北向主拱联为：“白马越千年，南国佛光含蝃影；红梨滋万树，东旸春色满绸乡”。联中的“东旸”，具有双关之意，既指白马桥的别名，也寓东方日出。副拱联为：“十里烟波，近连五聚；百年虹彩，遥映三吴”。联中的“十里烟波”，指白马桥北侧的红梨湖和南侧的西白漾等水面；“五聚”，盛泽东白漾西受市河水，南受东秀桥、东泾桥水，西北受柏家桥水，东北汇带福桥水，故称其形势为“五聚”，联中泛指盛泽诸水。

桥南村

桥南村，在吴江区东南部，属盛泽镇，位于盛泽镇西南端，与桃源镇交界。由原汤家村、戴家村、桥南村三村合并而成。面积4.87平方千米，有芦头埭、市头浜、杨家里、戴家里、戴家桥、朱家浜、徐家浜、蒋家浜、爱河浜、洪圣浜、汤家浜、计孔浜等自然村，下设32个村民小组。村名中的桥指善庆塘桥，该桥又名南石桥，位于南麻漾西口，跨麻溪，南北走向，始建于元代，清光绪二十九年（1903）重建，民国二十二年（1933）再重建，为七孔梁式石桥。1985年，改建为钢筋水泥桥。

桥南村上尚有延陵桥，为苏州市控制保护建筑。该桥在桥南村芦头埭，东西走向，跨芦头埭河，梁式单孔，金刚墙的构筑石材大多为青石，其他构件为武康石和花岗石。桥长11.9米，宽1.32米，跨度3.9米，高3.3米，始建于明初，清同治十三年（1874）重建。2021年，予以修缮。

说起延陵桥，明代著名小说家冯梦龙在《警世通言》一书中专门提到了它。该书第三十四卷《王娇鸾百年长恨》中说，王娇鸾为河南南阳卫千户之女，幼通史书，举笔能文。一日，王娇鸾偶遇苏州吴江南麻延陵桥垅故宰相府公子周廷章，郎才女貌，彼此倾心。俩人背着父母，写下婚书誓约，私结了姻缘。后因周父做主议婚，王娇鸾与周廷章的姻缘以悲剧告终。

◎延陵桥

留有遗迹的地名

砥定社区

砥定社区，位于吴江区西部，属震泽镇。东起宝塔街，南靠市河，西至新开河，北依318国道。面积1.81平方千米，下辖砥定街、藕河街、太平街、宝塔街、公园路、虹桥6个原街道居委会，设71个居民小组。

2002年9月，砥定社区建立，所辖区域是原老镇区，文物古迹颇多，有全国重点文物保护单位师俭堂、慈云寺塔，有江苏省文物保护单位王锡阐墓（含王贤祠）等，有苏州市文物保护单位禹迹桥、思范桥、懋德堂、贞惠先生碑亭等。该社区是震泽的教育中心，江苏省重点中学震泽中学震泽校区、震泽镇党校、成人教育中心校等均在辖境内。这里原是震泽的商贸中心，随着镇区向南发展，渐为休闲旅游之地。曾获"江苏省文明社区""苏州市和谐示范社区""苏州市科普文明示范社区"等荣誉。

该社区以辖区内有底定桥而得名，"底定"一词出自《尚书•禹贡》："三江既入，震泽底定。""三江"指太湖进入东海的三条主要泄水通道，即松江（今吴淞江）、东江和娄江；"震泽"指太湖。后镇上将"底定"的"底"谐音为"砥"。据清乾隆《震泽县志》、道光《震泽镇志》载，底定桥，一名底定桥，俗呼大桥，在镇中，跨頔塘，初建无考，宋淳祐二年（1242）重建。元至大二年（1309），广济寺僧人再建。明景泰元年（1450），重建。嘉靖三十二年（1553）又建。清康熙二十四年（1685），里人潘思川修。乾隆三年（1738），奉旨发帑银重建。乾隆五十二年，里人蔡振业修。民国五年（1916）火灾后重修。1971年，拆除原石桥，改建为钢筋水泥平桥。2022年秋起，震泽镇人民政府恢复重建底定桥。

仓桥头

仓桥头，为吴江老城区中心地带的一个地名，其中的仓桥，早先有大仓桥和小仓桥。大仓桥正名为永定桥，初建无考，元至治元年（1321）知州陈璧重建。小仓桥正名为治安桥，建置未详，清雍正四年（1726）至宣统三年（1911）吴江县分为吴江、震泽两县期间，其南堍属吴江县界，北堍属震泽县界。

现今跨庙前街南河道的仓桥是由小仓桥改建而成。大仓桥的位置在今松陵饭店东大门处，跨北塘河。大仓桥西原有官府粮仓，名积谷仓，据清光绪《吴江县续志》记载，该仓建于清光绪四年（1878），楼屋三十二间，内仓廒一十四间。积谷仓有两副对联，均由安徽全椒人，清咸丰进士，曾任嘉兴、杭州知府的薛时雨所撰，一副为“娄南应主藏天星，斯万斯千多多益善；吴下擅具区之利，余三余九陈陈相因”。联中的“娄”为古县名，治所在今昆山东北；“吴下”为吴国的代称；“具区”为太湖的古称。另一副为“其谷宜稻，既坚既好；自天降康，乃绩乃仓”。大仓桥因桥通向积谷仓而名。

◎仓桥

◎仓桥桥额

小仓桥处，元末张士诚扩建吴江城以前为县城的北门，其北轸角圩上有粮仓“常平仓”。小仓桥在宋、元时是吴江县城北门通向粮仓的桥。明代及以后两座仓桥在此“相聚”，这一地段称为“仓桥头”，街面两侧商铺林立，是县城内最热闹的地方。

白龙桥村

白龙桥村，现为隶属于吴江区江陵街道的一个行政村，地处吴江区北部，东临京杭大运河，南以五方港与八圻街道友谊村分界，西以行船路与松陵街道芦荡村相分，北连庞杨村。面积 4.20 平方千米，下辖胜堂、官南、官字、牌楼 4 个自然村，设 16 个村民小组，人口 1728 人。村委会驻地在胜堂自然村。

明代，白龙桥村属吴江县范隅上乡。清雍正四年（1726），吴江县分置吴江、震泽两县后，属震泽县。民国年间，先后属吴江县城区施家尖乡、施庞乡、施梅乡。1950 年属城厢区长泰乡。1954 年农业合作化时，分为官字、官南、胜堂、牌楼 4 个行政村。1956 年 3 月并区并乡，属长泰乡。1957 年 3 月成立胜建高级社。1957 年 10 月属八坼乡。1958 年 9 月胜建高级社划入湖滨人民公社，属胜利大队。1959 年胜利大队分为胜利和胜建两个大队。1981 年胜建大队更名为白龙桥大队。1983 年 7 月恢复村建制，为白龙桥村。1985 年 10 月乡镇合并，属松陵镇。2002 年 11 月，划归吴江经济开发区代管。2018 年 10 月，江陵街道成立，白龙桥村属之。村以运河塘岸上有白龙桥而得名。

白龙桥，据清乾隆《吴江县志》载，初建无考，明洪武十九年（1386），塘长顾烨易石重建。嘉靖二十五年（1546），刑部郎吴邦桢、海宁僧文玉再建。清光绪五年（1879）前重建。民国十九年（1930），苏（州）嘉（兴）公路延伸至八坼，改建为石台三孔木平桥。1960 年，改建为钢筋混凝土单拱平桥。

白龙桥村与八坼街道友谊村交界的五方港上存有原苏嘉铁路的白龙桥桥墩，与彻浦桥桥墩共为苏州市文物保护单位。这两处桥墩位于云龙桥西堍南北两侧，西边紧挨 524 道和京杭大运河。它们静静地躺卧着，似乎在忆想着昔日一列列列车通过的景象。

众安桥村

众安桥村，在吴江区西部，属震泽镇。位于震泽镇东北，距镇 3.5 千米。东连齐心村，南濒頔塘河，西邻金星村，北靠长漾，318 国道穿村而过。面积 3.39 平方千米，下辖曹长浜、扁家浜、牛头浜、俞家浜、庄里、南横港、醋酸浜、朱家湾、燕花庄、羊浜头、谢家路、宽鸭港、北横港、田鸡港 14 个自然村，设 22 个村民小组。村委会驻地设在俞家浜自然村。2003 年 7 月，众安桥村、谢家村合并成立众安桥村。全村水稻面积 1004 亩，水产养殖面积 300 亩，桑地面积 750 亩。该村除农业外，有蚕桑、水产养殖等副业，有电气、制衣、钢架、纺织等行业的民营企业。曾获“江苏省卫生村”等荣誉。村因境域内有众安桥而得名。

据清道光《震泽镇志》载，众安桥在柳塘桥东。明成化年间（1465—1487），邑人周麒建。清道光二十年（1840），邑人杨堃和里人徐学健、谭琨、陈德培、程庆余等重建。同治八年（1869），道士胡志麟募款重修。以前，众安桥西侧有众安铺。现众安桥为水泥结构，系20世纪90年代所改建。

乌桥村

乌桥村，在吴江区东部，属黎里镇，位于黎里古镇西北侧，东临梨花村，南靠杨家荡，西与平望镇联丰村接壤，北连青石村，318国道和太浦河横贯全村东西，苏嘉杭高速公路在村西部穿越南北。面积4.37平方千米，有查家浜（含饿煞港新村）、南荡滩（含大阳扇）、它小圩、坝里、私象港（含桃家港新村、稠字）、大乌桥（含湾里）6个自然村，下设17个村民小组。新中国成立初，成立乌桥乡。1956年，成立明丰高级社。1958年，明丰高级社与新丰高级社合并成立明丰大队。1981年，恢复传统地名，更名乌桥大队。1983年7月，实行镇管村体制，改名乌桥村。全村有粮田728.9亩，林果35亩，鱼、虾池76亩。村上有民营企业50多家。曾获“江苏省卫生村”“吴江市文明村”“吴江市工业明星村”等荣誉。

乌桥村的命名源自村上有一座石桥，名乌桥。据清光绪《黎里续志》记载，乌桥正名为兴隆桥，俗呼乌桥、大乌桥，跨概字、表字两圩，初建无考，清乾隆年间（1736—1795），里人重修。乌桥桥头原有汝哨官宅，系明代御旗牌总兵官汝应元所居之所，后此宅舍为刘猛将军庙，至清光绪时仅存遗址。乌桥原为石桥，1974年，填老港、开新河时拆毁。后建水泥拱桥，仍称乌桥。

乌桥村还有一座小乌桥，正名为来安桥，跨表字、穑字两圩。初建无考，清同治四年（1865），里人公捐重修。原为石板桥，后改为水泥石板桥（两块桥石、一块水泥板）。

运河上现存的吴江古桥

据清乾隆《吴江县志》上载，吴江各地“桥梁数千”，因此，吴江运河上和运河沿岸的桥梁也颇多。单松陵南郊运河西岸九里石塘即运河古纤道上就有三江桥、安邑桥（该桥横跨运河）、观澜桥、惠政桥、仙槎桥、庙泾桥、万顷桥、定海桥（即北七星桥）、三山桥、甘泉桥（即南七星桥）、通津桥、龚家桥、彻浦桥 13 座桥梁。随着星移斗转，物换景迁，各式各样的现代化钢筋水泥桥取代了木桥和石桥，古桥的数量与往昔已不可同日而语，但吴江现今存有的古桥数量仍是可观，有 200 多座，在苏州各市（区）中是最多的。如运河古纤道上就存有三山桥、南七星桥这两座古桥，1990 年代恢复了北七星桥，近年来又恢复了惠政桥、庙泾桥等几座桥。

放眼流经吴江的古运河、烂溪、荻塘这三条运河上，尚有为全国重点文物保护单位京杭大运河文物遗存的三里桥、安民桥和安德桥，另有均为苏州市文物保护单位的九里桥、禹迹桥、思范桥和政安桥。

三里桥

京杭大运河，于 2006 年由国务院公布为全国重点文物保护单位，翌年 5 月 23 日国家文物局在《关于印发第六批全国重点文物保护单位简介的通知》中明确吴江的四处文物保护单位为“与古运河有关的文物遗存”，其中除了运河古纤道外，便是松陵镇的三里桥和平望镇的安民桥、安德桥。

大概是由于受到马致远之句“小桥流水人家”的影响吧，在人们的印象中，江南的桥多为纤巧玲珑，可位于吴江城区北门外、横跨京杭大运河的三里桥堪称恢宏雄伟，总长 50.4 米，净跨 16 米，矢高达 12.5 米，其规模在全区 200 余座古石桥中位列首席。

据清乾隆、光绪年间刻印的《吴江县志》《吴江县续志》载，三里桥建于元泰定元年（1324），明天顺六年（1462）、清嘉庆二年（1797）两度重建，从该桥南北两侧桥身所镌文字中得知，在光绪十一年（1885）又予以重建。屈指算来，现存的三里桥距今也已历130余个年头了，可依然似一条雄健的苍龙浮卧在古运河上。细数桥的石阶，西堍为45级，东堍则达47级，桥的两侧砌置着厚厚的栏石。登上桥顶，只见桥面石上镌刻着“轮回”图案。这图案自中心点分六道向外逐渐扩展，最终呈车轮形状。古代在桥上雕刻“轮回”，是佛教“因果报应”思想的具体反映，让人们在过桥时经常看到“轮回”图案，记住要时时从善不作恶，以广积功德。

◎三里桥桥面石“轮回”雕刻

◎三里桥东堍纤道

三里桥除了高度雄居吴江诸桥之首外，还有一个特别之处，那就是在东桥台建有纤道，纤道台前宽1.15米，南北侧宽0.80米，来往船只上的背纤人可沿着这纤道直接从桥下通过。

以前，三里桥东有一座顾公庙，消失于20世纪60年代。2006年，在吴江市委、市政府的重视下，在三里桥东建造了顾野王纪念馆，与三里桥一起构成了“桥庙相映”的景观。

安民桥

江南水乡古镇平望湖荡密布，港汊交错。“水多桥也多”，镇区在清代道光年间有桥35座，至今尚有25座各种桥梁躺卧在一泓泓碧水之上，其中横跨镇北京杭

◎安民桥旧影

◎安民桥近影

大运河上的那一座叫“安民桥”。

安民桥，拱形单孔，东西走向，全桥除武康石间壁和青石金刚墙外，其余由花岗石砌置，拱券采用纵联分节并列法砌成，券石上刻有信士捐银造桥、祈告家门昌盛、太平如意的图案。桥总长 36.7 米，宽 4.6 米，跨度 9 米，矢高 8 米，其矢跨比为 1∶1.125，在江南水乡是少见的陡拱桥，东、西侧石阶分别为 32 级和 35 级，桥两侧置有栏石，桥顶正中心桥面石系一块颇大的长方形武康石，上面刻着图案，但已分辨不清。该桥由当时的僧人圆真建于明嘉靖三十四年（1555）。崇祯二年（1629），里人钮明达、孙谏臣重建。以前，桥东堍有弥陀殿寺，清顺治初年该寺曾在桥上建了一座关帝阁，后圮。安民桥重建至今已历近 400 个春秋，但依旧巍然矗立着，一种名叫薜荔的蔓生木本植物攀满了整座桥梁，远远望去，犹如是一条苍龙横卧在碧波之上。

◎安民桥侧影

安民桥，当地人呼为北渡桥、北大桥，这桥名是相对于它的南面还有一座石拱桥——南渡桥（南大桥）而叫的。南渡桥正名叫通安桥，一名赛安桥，也跨京杭大运河，三孔，该桥又名画眉桥（详见本书历史篇章中《通安桥上的对联石》）。

安民桥具有悠久的历史，其东西两堍也有着古老的地名。西堍是铺基弄，明代时曾设急递铺于此，后来毁了，但其“基”尚在，故“铺基”之名流传了下来，再后来，这里开过哺坊，遂也谐音叫为哺鸡弄。东堍不远处是城濠里，这地名的由来与元末的张士诚有关。张士诚在扩地期间，曾在平望下塘修筑了一座土城，以作窥视嘉兴等地之用。土城周围三里，东为旱门，南、北、西三门水陆并通，后被朱元璋手下大将常遇春所破，其旧址被称为“城濠里”，一直沿袭了下来。

安德桥

平望镇区东南，古运河与頔塘交界处矗立着一座挺拔高耸的古石桥——安德桥。该桥由花岗石构成，拱形单孔，南北走向，全长49.8米，宽4.5米，矢高9.3米，跨度11.5米。桥两侧置有栏石，桥顶则安着靠背栏石，供过往行人小坐歇息，桥顶正中心桥面石上刻着佛教“轮回”图案，这与桥的南堍有着一座江南名刹——小九华寺，与之相呼应。桥的北堍是城隍庙，庙的西侧原来设立着巡检司署，故署门前的那条街名为“司前街”。

◎安德桥旧影

◎安德桥近影

安德桥亦名平望桥，农舟商船，日夜不绝。桥下水道为莺脰湖的泄水主道，故水势甚是湍急。桥初建于唐朝大历年间（766—779），南宋淳熙十二年（1185）、明成化十九年（1483）、清康熙、乾隆年间数度重建，现存之桥为同治十一年（1872）由当时的水利工程总局

◎安德桥与小九华寺

◎安德桥北堍司前街

重建。安德桥跨度大，桥孔高，气势雄伟，为全镇35座桥中最高的一座，唐代著名书法家颜真卿任湖州刺史时，曾游平望，写下了《登平望桥下作》五言诗，中有“望极与天平”之句，南宋著名诗人杨万里也曾作有“乱港交穿市，高桥过得桅”之句。站在古运河的东岸，隔河而望安德桥，只见一弯桥孔把古镇人家尽揽腹中。《人民画报》曾在20世纪70年代把安德桥的这一雄姿介绍给了海内外广大读者。安德桥始建年代确切，至于那时是由谁营建的则不得而知，但在镇上流传着两个造桥的传说。

一个传说是说这里的渡工经常向渡客苛收渡钱，一位穷书生因付不起渡钱而被迫淌水过河。几年后穷书生做了高官，为民请命，在这里造了桥，当地以巡按之名“安德”作为桥名。另一个传说是说“安德”是一位渡工，很有善心，恳求一位高官在这里造桥，却遭县官迫害致死，最后百姓为他申冤，以他的名字作为桥名（详见本书传说篇中的《安德桥的传说》）。

◎安德桥侧影

◎安德桥桥面石“轮回”图案

九里桥

九里桥，位于桃源镇九里桥村，是江南运河中线澜溪塘上的一座纤桥。

九里桥距乌镇九里路程，故名。该桥为拱形单孔，很是小巧玲珑，跨度、矢高仅为 3.2 米和 2.5 米，初建无考，现存之桥为清宣统元年（1909）重建（详见本辑《吴江以桥命名的地名·九里桥村》）。

◎九里桥

禹迹桥

禹迹桥，位于震泽古镇东首，纵跨江南运河西线荻塘。

禹迹桥为清康熙五十四年（1715），当地人士为纪念大禹治水而建，现存之桥为乾隆四十四年（1779）重建。该桥南北走向，拱形单孔，总长 43.5 米，顶宽 4.3 米，南堍宽 6.2 米（桥堍宽与桥顶宽相差达 1.9 米，“八”字形非常明显），矢高 5.56 米，拱径颇广，达 10.45 米，桥北堍砌有东西两向石级踏步。桥上的题刻颇多，拱券龙门石刻着“云龙”图案，桥面石上则刻着“轮回”和各类吉祥图案。

禹迹桥北堍耸立着全国重点文物保护单位——慈云寺塔。站在荻塘岸上，抬首仰望，只见禹迹桥桥身高大，气势轩昂，慈云寺塔飞檐翘角，高耸入云，构成了江南

◎禹迹桥

◎禹迹桥南桥堍

水乡特有的“桥庙相映”景观。

禹迹桥上镌刻的对联颇有特色。其一是为：“善政惟因，不易大名仍禹迹；隆时特起，重恢古制值尧巡”。联中的“尧巡”，将乾隆皇帝下江南比作了古代传说中的贤明帝王唐尧巡视各地。另一副联为：“市近湖湄，骈肩无俟临流唤；地当浙委，绣壤应多题柱才”。

◎禹迹桥系石

关于这两副对联，在当地还流传着一个传说。相传当年乾隆皇帝下江南，来震泽前夕，当地各界深知乾隆帝十分喜好对联，就先请通联道之人撰写好这两副对联，然后委请手艺高超的张石匠镌刻上去。张石匠使出全身本事，精雕细刻，日夜赶工，以备皇上御览。谁知，那天乾隆皇帝到了，舟过禹迹桥，忙于观赏頔塘两岸的秀丽景色，无暇一顾桥上的对联，张石匠闻知后，气得大病一场。

◎禹迹桥与慈云禅寺

思范桥

江南运河西线荻塘震泽古镇段东西两头各有一座高大的古石桥，遥遥相望着。东边那一座为禹迹桥，西边的那一座便是思范桥。

思范桥桥名中的“范”指的是范蠡。传说当年范蠡偕西施同乘一船观赏太湖渺茫空蒙的湖光山色后，途经现震泽镇区之南的斩龙潭（相传大禹治水时曾斩黑龙于此，故名），只见这里水波不兴，澄明如镜，正合他俩隐居的心境，于是就在潭边筑宅而居。范蠡还延请工匠在潭前砌造一高台，每逢晴明之日就与西施一起拾级而上，放线垂钓，故这里被称为“范蠡钓台”，为“震泽八景”之一，斩龙潭也被改称为“蠡泽湖”。

之后，他漫游齐国。范蠡走后，蠡泽湖畔的百姓为纪念他，就在其故宅上建起了“范蠡祠”，在其出蠡泽去五湖泛舟必经之处建造了一座“思范桥”，以表达怀念之情。

◎思范桥南桥堍

思范桥为拱形单孔，南北走向，全长34.2米，中宽4.9米，矢高5米，跨度为12.2米。该桥始建年代已无考，据当地方志载，元至正二十三年（1363）、明嘉靖十一年（1532）、清嘉庆二十四年（1819）曾分别重建，现存之桥为清同治五年（1866）重建。两侧桥身上各镌刻着一副对联，西向为：“苕水源来，阅尽兰桡桂楫；荻塘波泛，平分越尾吴头”。观此联上联，眼前不由浮现出这样的画面：宽阔的荻塘承接着东西苕溪之水，逶迤百多里向东流去，只见塘河之上百舸争流，千帆竞发……观此联下联，则让人想起了震泽慈云寺塔东面荻塘河上有一个分水墩，西来的湖州苕溪之水流经震泽镇时，即依借此墩予以分水。联中云荻塘“平分越尾吴头”十分确切，荻塘从湖州到平望，全长56公里，在浙江和江苏境内均为50多华里。

东向对联为：“禹迹媲宏模，望里东西双月影；蠡村怀古宅，泛来南北五湖船”。联中的“五湖”，历来众说纷纭，一说是太湖的别名；一说是太湖东岸的五个与太湖相通的湖；一说指太湖附近的五个湖。不管怎么说，都是与太湖有关，而震泽其名就是太湖的古称，因此，这“五湖”与震泽当是有缘的了。

政安桥

政安桥，俗称张湾桥，位于震泽镇砥定社区鲤鱼浜东端，江南运河西线荻塘北岸，跨张家湾港，初建无考，明洪武年间（1368—1398），由邑人沈子进重建，清道光十年（1830），里人徐学健、谭琨等再建，宣统三年（1911）又再建。

该桥为拱形单孔，东西走向，全桥均为花岗石砌成，拱券系纵联分节并列砌置，桥全长16.8米，中宽2.3米，堍宽2.6米，拱跨6米，矢高3米。桥两端坡级均为15级，西端有2米长的引坡。龙门石面上镌有“轮回”图案，桥面石南北两侧刻有“政安桥”桥名。桥身南北楹石上镌刻着四副对联：南向中楹为“鸠工修踵浮图后；鼍驾成逢赛会年”，边楹为“西往东来径通梅堰；水回岸曲断接荻塘”；北向中楹为“塔望慈云图入画；墩瞻分水柱留题”，边楹为“石渡塘凹高瞻一塔；虹登波上直指双杨”。

◎政安桥

应该说，政安桥四副对联所包含的文化内涵是相当丰富的。南向中楹中的“鸠”为聚集意；“工”，指造桥的工匠；“踵”，原意是“脚后跟”，联中为追逐、追随之意，引申为继承、因袭；“浮图”，指政安桥附近的慈云塔；“鼍”，即扬子鳄，俗称“猪婆龙”，为我国特产的一种爬行动物，其形状像传说中的“龙”；“驾”，以前将行船的艄公称为“驾长”，将操舟的妇女称为“驾娘”，因此，联中“鼍驾”指代为桥。

联中的“赛会”，指的是以前吴江最大的庙会——双杨会。双杨会的会源在政安桥东北不远处的双杨村，由周围七十二只半圩头的村民组织举办，始于清代，每十年举办一次，会期为农历三月。出会时，每只圩头出动一艘精制的会船，船中央悬挂一面彩旗，上书“敕封护国昭灵普庇广佑王”，船上搭有楼台亭阁，或有男女少年扮饰剧中人物站立船头，有的船上则装着布有活动机关的木偶、草偶，做摇丝、调丝、打鱼、赶鸭等动作。会船在双杨村上的昭灵庙鸣锣启航，一路之上，不断有载着各庙菩萨的会船加入，使船队首尾相接长达数里。船队沿頔塘在震泽停留活动五天，在梅堰、平望停留活动三天后，横渡北麻漾经坛丘至盛泽，由东港穿过镇区，进入东白漾，沿镇东南水道出沉瓦桥泊于西白漾，在盛泽停留五天，赛会进入高潮。西白漾里围观船只无数，到处彩练飞舞，旗幡蔽日，锣鼓、管弦之声不绝于耳。会船还相连搭台演戏，上演京剧、昆曲、木偶戏，后也上演沪剧、文明戏等。赛会热闹非凡，轰动周围数百里。据载，最后一次双杨庙会的举办时间是民国十三年（1924）四月四日（农历三月初一），当时由震泽镇双杨村绅士周心梅与昭灵庙住持发起，震泽丝商和盛泽绸商等筹资举办。

观这副联，上联“修踵浮图后”似有两层意思，一是指修建政安桥是步修建慈云寺塔的后尘（慈云寺塔曾在政安桥重建之前两年，即清宣统元年〈1909〉做过维修），在修建时间上居后；一是指政安桥位于慈云寺塔的北面，以方位“前南后北”来说，则居于“浮图”之“后”。下联之意是说政安桥这座“鼍驾”修成之年恰逢十年一次的双杨盛会出会。综观此联，虽无华丽之辞，但将慈云寺塔这座闻名遐迩的“浮图”引入上联，将双杨庙会这个轰动江浙的“赛会”引入下联后，顿使联句赫然生辉，同时，也使联句所在的政安桥这座“鼍驾”更具“龙”的神采。

南向边楹联中的“梅堰”，即是现平望镇梅堰社区，在震泽的东面；“荻塘”，是頔塘的古名，“以地多芦荻”，故名，后来由唐朝大臣于頔修此塘，遂亦名为頔塘。

北向中楹联中的“分水”，指政安桥附近的震泽分水墩，頔塘之水至此予以分水。至于“柱留题”，则有着一个典故。《华阳国志·蜀志》中云：“城北十里有升仙桥，有送客观。司马相如初入长安，题市门曰：‘不乘赤车驷马，不过汝下也！’”按《太平御览》卷七十三则引作为“题桥柱”。北向边楹联中的“塔”，指慈云寺塔；“双杨”，则是前提到的双杨村。

政安桥的对联文化内涵堪称硕大，但其形制可用小巧玲珑这四字来描述，它与附近的頔塘、慈云寺塔、禹迹桥、分水墩、文昌阁、双杨古村落等景物一起组合成一幅震泽古镇东首美丽的画卷，吸引着四方的游人。清道光《震泽镇志》还刊有一首张莼作的《张湾桥晚步》诗：“烟霭净天空，芳塘一望中。远峰堆晚翠，飞阁入流虹。网晒榆梢日，帆移柳外风。偶随邻叟语，不觉过桥东。”阅来，更是增添许多此桥的诗情画意。

桃源古桥与桃源地名的由来

桃源，现在是桃源镇政府的所在地。

以前，桃源叫戴家浜，而这戴家浜最早叫野峡滩。元代末年时的野峡滩，四面环水，东有清水浩河，北有东桥河，西有南坝河，南有强盗埠口（河），芦苇丛生，野鸭出没，一片荒凉，故亦名野鸭滩。

那时有一位兵部郎，名叫戴敬本，原籍明州（今浙江宁波），号立斋，出任平江路（今苏州）同知。张士诚占据苏州城后，戴敬本就弃官职避走他乡，携着受过皇帝封号的妻子王氏和次子集贤院茂才子庆，移居到了野峡滩。来时，他所携人员中，除了家眷还有一名金姓男童仆和一名孙姓女童仆。定居不久的一天，家中有人洗碗时不慎将一只金碗落入河中，戴敬本不禁惊恐万分，怕有什么不祥之事来临，马上请了当地的风水先生来，风水先生相看后说，这里乃风水宝地，只管放心居住就是。于是，戴敬本便一门心思地隐居在此，建房置业，繁衍子孙，形成了以戴姓为主，孙、金二姓为副的戴家浜。

据传，戴敬本夫妇的坟墓葬于苏州上方山，而在戴家浜，原建有一座戴氏祠堂，由戴氏后代在明末清初时建造。祠堂有朝南房屋三间，内供男女神像各一尊（戴敬本夫妇塑像），旁边还有两个小神像（孙、金二奴仆）。清初，浙江桐乡纂修《乌青文献》的张园真探游野峡滩时曾莅临戴氏祠堂。惜祠堂在20世纪70年代初扩建公社茧站时被拆除。

那么戴家浜怎么改名为桃源的呢？这源于当时戴敬本留有“问津桃花何处去，为有源头活水来”的诗句，由此，桃源的桥名和桥上的对联也有不少与此关联。如桃源东南新桥村有一座三孔梁式古石桥，名叫桃花桥，南北走向，跨桃花桥港，初建无考，现存之桥建于民国十八年（1929），1994年7月列为吴江市文物控制单位，现为苏州市控制保护建筑。桥长20.9米，中宽2.2米，中跨6.6米，高3.25米，排柱石材为武康石，金钢墙由青石砌筑，余为花岗石。桥身两向均镌有对联，东向联为：

“流水多情，遣谁题柱；落花无语，有客问津”。西向联为：“地接湖滨游笠泽；境疑世外隐桃源”。桥名和桥的对联里都有“桃源”。

◎桃花桥

又如在桃源镇雄壮村有一座梁式三孔的古石桥，名叫问津桥，2003 年 5 月移入“桃花源公园”内，南北走向，由花岗石构筑。桥长 23.8 米，中宽 1.8 米，中跨 6.2 米，高 3 米。该桥初建无考，民国九年（1920）重建（桥额上有“庚申孟春里人重建”字样），桥东西两向均镌有对联，西向联为：“问讯进渔家，欲访桃源扶杖过；津梁邻古寺，闲来竹里听钟声”。在此联的上联中，“桃源”二字赫然在目。

◎问津桥

再如，在桃源镇广福村有座梁式五孔的古石桥，名叫长坂桥，清光绪十一年（1895）建造，遗憾的是在 1986 年坍塌了，但桥上两副对联的文字遗留了下来，其中一副为：“鼍换旧钱梁，草野耕夫题柱拙；鹊填新范石，桃源钓叟泊舟轻”，“桃源”二字托在了下联。

鉴此，新中国成立后，当乡人民政府驻在戴家浜时，桃源之名便自然地应运而生了。

儒林塘桥桥名的由来

吴江县的行政区划，在宋代以前凡七乡，分别为澄源、震泽、范隅、久咏、征君、感化、大名。宋景德三年（1006），敕并四乡，废征君、感化、大名三乡。不久，感化乡恢复。明代，范隅、澄源各为上下两乡，另有震泽乡、久咏乡，总定为六乡，领都二十有九。都下面辖若干个图，图里有若干个圩（吴江人称圩的量词为“只”）。

位于县南的震泽乡，领都七，分别为五都、六都、七都、八都、九都、十都、十一都。现今七都镇庙港以前为五都，以多庙著称，寺、庙、庵、亭遍布全境，尤以沿太湖塘岸一带为多，有“一港一庵，一港一亭”之说。五界亭是庙港最西边的村子，地处吴溇、庙港之间，是五都、六都两都、东西儒林的分界之地，北滨太湖，西起丁家港与大家港为邻，村西属吴溇，村东归庙港。

◎五界亭古村一隅

如今，五界亭港入太湖口已经堵塞，有条横港，东接塘桥浜、倪家港，向南与洪臼河合流。村南另一横港把倪家港、洪臼河和西边的丁家港贯通。五界亭港西有大裳西北、西裳两圩，五界亭港东、横港北圩为北裳，横港南圩名庵裳地，南边圩名大裳南，村中湖塘路旁有

◎五界亭兴隆桥

一凉亭，供过路的乡民、客商歇脚休憩。

◎儒林塘桥

明朝开始，吴江南太湖一带称为“儒林里”。五都与六都为了“儒林”这个称号，你争我夺，差一点反目。后来打起了官司，最终以五界亭村塘桥浜为界，浜东为东儒林，浜西为西儒林，并在浜中塘桥上刻石为凭，此桥遂有了“儒林塘桥”的名字。

儒林塘桥现为苏州市控制保护建筑，梁式单孔，东西走向，建于宋嘉泰二年（1202），明宣德十年（1435）、嘉靖三十年（1551）、民国三十五年（1946）分别重建。桥的南向镌有对联一副，是为：“儒林东西分限界；笠泽南北砥中流”。上联中的“儒林”，指儒林里，自宋至清，这里人文独盛，甲第冠于一邑，故以“儒林”名之，“东西分限界”，以前，以五界亭河为界，其东属五都地，其西为六都地；下联道出了儒林塘桥这一带是以前南太湖与北太湖的交界线。

吴江的“桥庙相映”景观

以前，吴江的桥多庙也多，现今，在各镇（街道）仍可见到“桥庙相映”这一水乡特有的景观。

位于震泽镇东首的禹迹桥，是苏州市文物保护单位，清康熙五十四年（1715），当地人士为纪念大禹治水而建，现存之桥为乾隆四十四年（1779）重建。该桥南北走向，拱形单孔，总长 43.5 米，顶宽 4.3 米，南堍宽 6.2 米，矢高 5.56 米，拱径 10.45 米。禹迹桥北侧耸立着全国重点文物保护单位——慈云寺塔。该塔所在的慈云禅寺始建于宋咸淳年间（1265—1274），塔因寺而名，相传初建于三国吴赤乌年间（238—250）。慈云寺塔为砖身木檐楼阁式，总高 38.44 米，六面五级，由回廊、塔壁、塔心等组成，自第二层起每层施平座腰檐，并辟有三面壶门，开口方向上下相闪。塔内的第四、五层有楠木刹柱直透顶端。塔刹约为塔高的四分之一，由铁质覆钵、仰莲、五重相轮、宝盖、宝珠、受花和铜质宝瓶等组成。仰莲上有明万历五年（1577）修缮时的铸刻文字。

◎禹迹桥与慈云寺塔

站在頔塘岸上，抬首仰望，只见禹迹桥桥身高大，气势轩昂，慈云寺塔飞檐翘角，高耸入云；收眼近观，盖着芦席篷的小船缓缓通过桥洞，桥和塔的倒影在水面上微微晃动……禹迹桥与慈云寺塔一起构成了“拱桥塔影”这一水乡特有的景观。站在禹迹桥上，耳边不时送来慈云寺塔的阵阵风铃声，与桥下哗哗的流水相对欢歌，给桥塔美景增添了不少情趣。怪不得《林家铺子》《一盘没有下完的棋》等影片的摄制组纷纷到这里来取景。

◎三里桥与顾野王纪念馆

位于吴江城区北门外、横跨京杭大运河的三里桥是全国重点文物保护单位京杭大运河的文物遗存，长50.4米，净跨16米，矢高12.5米，堪称恢宏雄伟，其规模在全区200余座古石桥中位列首席。该桥建于元泰定元年（1324），明天顺六年（1462）、清嘉庆二年（1797）两度重建，现存之桥重建于清光绪十一年（1885），距今也已历130余个年头，可依然似一条雄健的苍龙浮卧在古运河上。以前，三里桥东有一座顾公庙，祀南朝梁陈之间的文字训诂学家顾野王。2006年，在吴江市委、市政府的重视下，在三里桥东建造了顾野王纪念馆，与三里桥一起构成了一幅“黛瓦高桥迎绿水，红花繁树掩黄门”的美妙图画。

同为全国重点文物保护单位京杭大运河文物遗存的安德桥，位于平望镇大运河与頔塘相交处。该桥亦名平望桥，桥下农舟商船，日夜不绝。其水道为莺脰湖的泄水主道，水势甚是湍急。

安德桥由花岗石构成，拱形单孔，南北走向，全长49.8米，宽4.5米，矢高9.3米，跨度11.5米。桥两侧置有栏石，桥顶则置着靠背栏石，供过往行人小坐歇息。桥的北堍是城隍庙，庙的西侧原来设有巡检司署，故署门前的那条街名为“司前街”。桥的南堍是小九华寺，原名东岳庙，祀东岳泰山之神，明万历四十四年（1616）建。清咸丰十年（1860）毁于兵燹，光绪年间予以重建。该寺香火特甚，尤其是每年农历七月初一至十月初一间，远近香客汇至，各地游人也纷至沓来，谓之为“香市”，其胜状足可与名扬四海的安徽青阳九华寺媲美，故称为“小九华”。1949年以后，小九华寺改为当地粮管所的仓库，1970年，南侧又改为面粉厂。1996年，当地政府在小九华寺原址上重建，恢复了往日的名刹宏观。该寺北邻安德桥，南濒波光粼粼的莺湖碧水，佛光虹影，黄墙绿波，交相辉映，晨钟暮鼓，橹声渔歌，时分时合……古镇平望的这一“桥庙相映”景观吸引着八方佳客。

在平望镇区西北约七公里处，有一个古村落名溪港，2008年1月公布为苏州市历史文化名村。溪港古村中流淌着一条小溪，名韭溪，相传吴越春秋时越国大夫范蠡遣军埋伏在这里，一日兵士们得将令出发进攻吴国而将正在餐食的韭菜米饭抛掷于溪中而得名。溪的中段上现尚存有一座古桥，名为东林桥，为苏州市文物保护单位，拱形单孔，东西走向，初建无考，明代嘉靖年间（1522—1566）、清顺治三年（1646）两度重建，嘉庆三年（1798）重修。桥的东堍是刘猛将军庙，同为苏州市文物保护单位。该庙现存建筑建于清同治年间（1862—1874），祭祀元代将军刘承忠（一说宋代将军刘锐，另一说刘锜）。相传刘将军是驱除蝗虫能手，得到百姓的尊崇与爱戴，元朝灭亡后，投河自尽，世称刘猛将军。刘猛将军庙简称刘王庙，以前各地都有，吴江地区就有好多座。随着时过境迁，吴江各地唯独留下韭溪旁的这一座。刘猛将军庙在洋溢着阵阵纯朴古风的同时，与东林桥一起，构成了水乡特有的“桥庙相映”景观。

东林桥和刘猛将军庙西北不远处又有一处“桥庙相映”的景观，其中的“桥”为邑宁桥，“庙”为施相公庙，同为苏州市文物保护单位，位于横扇街道四都村庙前自然村。邑宁桥因北堍有施相公庙，故亦名施相公桥，拱形单孔，南北走向，跨庙前港，桥长 18.5 米，桥面宽 2.25 米，矢高 3 米，跨度 5.7 米，初建无考，现存之桥为清光绪十六年（1890）重建。施相公庙，坐北朝南，共有三进。第一进为山门，面阔五间计 14.4 米，进深 4.5 米，山门前一对抱鼓石上的“狮子滚绣球”雕刻得栩栩如生。第二进为前殿，被拆后重建，面阔三间 9.9 米，进深 7.65 米。第三进大殿面阔三间计 11 米，进深 16.1 米，为九檩五架大梁结构，除屋脊重建外，其余均为原筑，月梁、五架梁、三架梁、双步梁上均雕有动物、花卉等图案。

黎里也有着“桥庙相映”景观，古镇区西北边有一个水平如镜的湖泊，名叫禊湖（也叫金镜湖），湖中央飘浮着一个绿洲，由西边一座三孔梁式石桥与岸上相连，禊湖道院便坐落在这绿洲上面，那三孔石桥便是秋禊桥。禊湖道院原名昭灵侯庙，一名城隍庙，祭祀唐太宗第十四子李明。禊湖道院的建筑屡有兴废。明嘉靖年间重建后，清顺治自嘉庆年间，数度重建、增筑、重修。咸丰年间，毁于兵燹，同治五年（1866），里人公捐重建，光绪九年（1883）重修。新中国成立后，禊湖道院成了当地粮食部门的仓库，后存有大殿、偏殿、财神殿等建筑。1998 年，当地政府对禊湖道院进行全面修复。秋禊桥，东西走向，梁式三孔，清初里人建造，雍正十三年（1735），

◎东林桥与刘猛将军庙近貌

道士卜斗文募缘重建。桥长17.5米，宽2.1米，中孔高1.75米，桥面为平板结构，条石横搁桥面，不知是桥工有意还是无意，桥面石铺得每块都不平，走在上面，总发出“叽咯”之声，故俗称为“叽咯桥”。

◎秋禊桥与禊湖道院

禊湖道院和秋禊桥的景色甚是旖旎。站在望恩桥北侧向前而望，只见禊湖道院的黄墙黛阁浮卧在碧水之上，如同湖面托起的一座仙山琼台，西侧的秋禊桥犹如一条玉带紧缠着，在蓝天、白云、翠波、绿树的映衬下，透射着一阵阵迷人的色彩。

江南水乡的“双桥”颇多，其形制有的像古代的钥匙，有的像汉字的“八”，吴江七都也有双桥，其形制呈一字长蛇阵，名双塔桥。该桥濒临稽五漾，原名双石桥，有东西两桥，各为拱形三孔，并分别在桥堍镇立着一座石塔，故名“双塔桥”。初建于明代洪武年间（1368—1398），万历七年（1579）由浙江南浔籍高官董份重修，后两桥俱圮，清雍正七年（1729），里人盛宣令、邱美中募捐重建，东侧的那一座仍为拱形三孔，西侧的那一座则改作了梁式。现存之桥于清光绪二十七年（1901）重修，为拱形三孔。桥的西堍有一庙，名浮碧庵，亦名双塔寺，据清代《儒林六都志》载，此庵“在双石桥水中一洲，前则稽五漾，后则倪家漾，烟波浩荡，左右两桥，辅以双塔，上有高阁，登临眺望，清风帆席，夜月钟鱼，荻渚鸣榔，苔矶垂钓，为六都第一胜景”（六都一带今属七都镇）。此庵与双塔桥同龄，建于明洪武年间，至清乾隆九年（1744），“寺僧以阁将圮，拆下改建平屋”。后来，庵的形制为三进。浮碧庵建在水中洲上，如浮卧于碧波之上，与双塔桥互相映衬，向人们展现着“桥庙相映”的迷人景色。

◎双塔桥与浮碧庵

艺术篇

长着眼睛的桥

已故著名吴江籍女作家吕锦华生前在一篇文章中将吴江的一座古桥誉为“长着眼睛的桥”，这座桥就是中和桥。

中和桥，坐落在盛泽镇王家庄街，跨充字、大适两圩，始建无考，重建于清道光四年（1824），1986 年 7 月列为吴江县文物保护单位，2019 年 3 月公布为江苏省文物保护单位。

◎中和桥

中和桥为梁式单孔，东西走向，全长 18.5 米，桥顶宽 2.65 米，堍宽 3.05 米，高 3.7 米，跨度 5.15 米。该桥两边桥台各有一个拱形泄水孔，犹似两只眼睛，上有楣额，南侧的为“月波”与“川媚”，北侧的是“挹秀”与“梯云”。如此构筑，既减轻了桥的承重，又有利于桥的泄水，还使桥既为梁式又为拱形，大大增加了美观性，真可谓是独具匠心，一举三得。桥由花岗石砌筑，桥面中心石上刻有“风涡”图案。

◎中和桥近影

中和桥造型别致，刻凿精细，桥身两侧又镌刻着文字优美的对

◎“月波”楣额

◎“挹秀”楣额

联，给人以美的享受。北侧对联为：“金波遥映红梨渡；玉带长垂绿晓庄”。上联中的“红梨渡”，在盛泽镇区西北的桥北荡畔，相传明代巨富沈万三曾植万株红梨树于此地而故名，因此，桥北荡亦名红梨荡，“红梨”也成为盛泽的别称，柳亚子先生的《哭苏曼殊》诗中句：“潇潇暮雨过吴门，一水红梨旧梦痕。”其中的“红梨”说得即是桥北荡。另据清乾隆三十五年（1770）所刻的《盛湖志》记载，在清康熙年间（1662—1722），里人俞南万在这里开设渡舟，建凉亭，以通谢天港来往之路，故红梨渡亦名俞家渡。下联中的“绿晓庄”，即绿晓斋，在中和桥的东桥堍，当时为明代诸生卜舜年居住之地，卜舜年故世后，其地称为绿晓庄，前来凭吊的人络绎不绝，有邑人潘一桂的一首诗为证：“不忍问幽琴，情来涕不禁。残灯哀棕冷，古屋暗尘深。有客求遗迹，无儿续苦吟。乡园一抔土，凄恻故人心。”

“北胜跨虹融水德；中和位育贯文风”，南向对联中的“北胜”，为盛泽以前的一个坊名，据载，清乾隆年间，盛泽的街里除了3条街、8条巷弄外，尚有5个坊，为秀园坊、尚义坊、南胜坊和北胜坊（分南北两坊），北胜坊在斜桥处，为明代沈万三所建；“北胜跨虹”指

◎中和桥对联

中和桥东侧的斜桥，此桥跨斜桥河，也为一座梁式石桥，建于明成化七年（1471），重建于清嘉庆五年（1800）。下联中的“中和”，一词双用，既指中和桥，又指儒家伦理思想，可谓机巧。

◎中和桥桥面石雕刻

其实，桥两侧建有泄水孔的桥在吴江还有几座，只不过其泄水孔不是拱形，而是方形而已。如在黎里古镇有座梯云桥，俗称唐桥，梁式单孔，在黎里市河的中段，跨中心街和建新街，南北走向，系由花岗石砌置。引人注意的是，该桥的桥墩两侧各建有一个方形泄水孔。初建无考。清乾隆三十八年（1773）里人重建，光绪二十年（1894）里人张鸣驺、汝光祖募捐重建。民国二年（1913）又重建。桥全长 17.4 米，宽 2.15 米，桥孔上宽 3.9 米，下宽 3.7 米，呈倒梯形，相传当地有华、陶两家船只斗法，致使桥孔造得变狭。桥高 3.8 米，为镇区诸桥中最高，故古时读书人逢科考，走此桥以祈求得功名。

梯云桥的西侧有座桥名进登桥，俗称夏家桥，也跨中心街和建新街，南北走向，梁式单孔，由花岗石砌筑。初建无考，明嘉靖七年（1528）由游方僧人修建，清乾隆三十八年（1773）里人重建。清光绪元年（1875），里人公捐修整。光绪二十年（1895）里人沈光锦、蔡丙圻、王室蕃集捐重建。桥全长 19.6 米，宽 2.75 米，桥孔跨径 4.3 米，高 3.6 米。桥墩两侧也各建有一个方形泄水孔。

又如在盛泽镇茅塔村有座南星桥，梁式单孔，初建于清乾隆四十年（1775），

◎梯云桥

◎进登桥

嘉庆十八年（1813）重建，咸丰五年（1855）又重建。1994年7月，列为吴江市文物控制单位，现为苏州市控制保护建筑。该桥两侧桥台各有一个长方形的泄水孔。

◎南星桥

再如七都镇吴越村双荡兜自然村有座博士桥，现为苏州市控制保护建筑。该桥跨双荡港，东西走向，梁式单孔，长17.95米，中宽1.74米，跨度5.5米，高3.5米。初建无考，清光绪二十九年（1903）重建。金刚墙为青石，余由花岗石构筑，两侧金刚墙下方各有一个方形泄水孔。

◎博士桥

上述四桥泄水孔的尺寸都不怎么大，但从视觉上来看，虽然是单孔，但也有点像三孔的感觉，主要是这样构筑有利于桥的泄水，从而保障桥的安全，可算是当时造桥人的一个妙法。

刻有莲花的吴江古桥

吴江古桥中刻有莲花的不是太多，但还是能见到其踪影。七都镇隐读村有一座广福桥，为江苏省文物保护单位，其西堍为浙江省湖州市地界，始建于元至正十四年（1354），明正统十四年(1449)重修，嘉靖十六年（1537）重建，现存之桥由当时江苏省吴江县和浙江省乌程县于明天启元年（1621）合建。该桥上的题刻颇多，除了捐银题刻外，尚有拱券石上所刻的尖角嫩叶、含苞待放的莲花。

◎广福桥

◎广福桥拱券莲花雕刻

黎里古镇上有一座青龙桥，为苏州市文物保护单位——黎里市河驳岸及古桥的组成部分。该桥古名际恩桥，当地人称为相家桥，南北走向，拱形单孔，位于黎里市河东段，跨平楼街和九南街，明成化十八年（1482）由游方僧人建造。清乾隆十八年（1753）陈姓里人重建。道光二十九年（1849）里人又公捐重建。桥长14米，中宽2.6米，堍宽3.1米，桥孔跨径5.45米，矢高3.8米，桥北堍有14级石阶，南堍有

◎青龙桥

◎青龙桥

16 级石阶。桥身两侧置有由武康石构成的龙头和桥耳朵各 4 个，桥身的石材大部分为青石，桥栏由花岗石砌筑。该桥所镌的莲花与广福桥不同，不在拱券石上，而是在桥顶的青石望柱上，为覆莲，这与周庄古镇的太平桥莲花雕刻不仅位置相同，而且形状也一样。

◎青龙桥望柱莲花雕刻

刻有狮子的吴江古桥

狮子，古称“狻猊”，又叫“白泽”。在汉代时，被当作进献之物，通过当时的安息（今伊朗）等国，运到我国。狮子十分凶猛，《穆天子传》称它“日走五百里，食兽之王”，且吼声似雷，被世人誉为“百兽之王”，成了人们崇拜的对象，同时也当作威震八方、唯我独尊的王权化身。到了明代，人们更是将狮子与龙附会在一起，于是，在帝王将相的宫殿、府衙、宅第的门前总要陈列一对石狮子或铜狮子，以显示主人的尊贵，同时也作为吉祥之物，与龙、凤、天马、海马等物一起出现在房屋的檐角等处，借以驱妖辟邪，消灾避祸。在桥上雕刻狮子的用意不言而喻。

◎双塔桥

◎观音桥

以前，吴江各地镌有狮子的古桥不少，由于时过境迁，物换星移，不少桥上所刻的狮子虽已消失，但在一些桥上还能见到其踪影。如七都与震泽交界处有座双塔桥，该桥濒临稽五漾（金鱼漾），原名双石桥，有东西两桥，各为拱形三孔，并分别在桥堍镇立着一座石塔，故名“双塔桥”，初建于明代洪武年间（1368—1398），万历七年（1579）由浙江南浔籍高官董份重修，后两桥俱圮，清雍正七年（1729），里人盛宣令、邱美中募捐重建，东侧的那一座仍为拱形三孔，西侧的那一座则改作了梁式。现存之桥为光绪二十七年（1901）重修，保持了雍正时的形制。桥顶立有四根望柱，每根柱子上都雕着一头惟妙惟肖的狮子。

◎观音桥望柱石狮

又如汾湖高新区芦墟老镇区有座观音桥，横跨芦墟市河北口。该桥始建年代无考，现存之桥由里人吴之湄于清乾隆三十五年（1770）发起募资重建。此桥本名泰生桥，清末，因桥西北堍建有一小庵，庵内供奉着观音像，故俗称为观音桥，日久天长，其本名“泰生桥”反倒被当地人淡忘了。小庵于 1959 年拆掉，而桥名沿袭至今。1994 年 7 月，观音桥列为吴江市文物控制单位，现为苏州市控制保护建筑。

该桥为拱形单孔，东西走向，桥长 17.9 米，净跨 6.7 米，矢高 3.5 米，中宽 3.05 米，拱券为纵联分节并列砌置，石材以青石为主，花岗石为辅，东西堍各有石阶 18 级和 17 级，甚是小巧玲珑。由于桥体年久风化腐蚀，桥额、碑文、桥联均已无法辨识，但桥顶望柱上雕刻着的四头狮子仍然栩栩如生。

再如在盛泽茅塔村有一座三孔拱形石桥，名为登云桥，跨麻溪，明成化十年（1474

◎登云桥

◎登云桥望柱石狮

年；一说成化十三年，即 1477）由沈姓道士所建，现存之桥为盛泽绸业公所于清宣统二年（1910）出资重建，现为苏州市控制保护建筑。该桥桥顶四根望柱上也刻着两对石狮。

细观上面所述三座桥上的四头狮子，左右对称，组成两对狮子，每对居左的为雄狮，右前足踏一个鞠，俗称“狮子滚绣球”，象征着权力；每对居右的是雌狮，左前足踏着一只小狮子，俗称“太师少师”，象征着子嗣昌盛。

双塔桥和观音桥上的石狮子都是小型的，以前吴江的桥头也曾矗立过硕大的石狮子。据明清两代吴江县志记载，吴江城区东门外，跨当时吴淞江（现为长桥河）的垂虹桥，始建于宋庆历八年（1048），其时为木结构，桥孔最多时为 99 孔，故以“江南第一长桥”闻名遐迩，元泰定二年（1325）易石重建，为 62 孔（后也有 72 孔的记载），桥中间有三大孔凸起以通舟，两堍立“汇泽”“底定”二亭，并各立着一对栩栩如生的石狮。遗憾的是这两对石狮子后来不知去向，但至今残桥东堍仍遗有石牌坊的柱础和汇泽亭的亭基，游人到此，也可生发些许幽古之情。

◎垂虹桥东堍

◎垂虹桥东端牌坊石础

◎垂虹桥东端汇泽亭基

吴江古桥上的吉祥图案

浏览吴江各地古桥上镌刻的图案，可见其中不少是吉祥图案。

黎里市河有条分支河名曰南港河，该河北端与市河交界处有一座桥，是为道南桥。该桥拱形单孔，花岗石砌筑，东西走向，清康熙五十一年（1712），由里人陈永年建造，光绪二十三年（1897），里人蔡甲先、张鸣驺、沈正模发起阖镇士民重建。桥全长17.3米，宽2.75米，矢高3.9米，桥栏两侧镌有“二龙抢珠”图案，桥面石正中刻有“五蝠捧寿”图案。“二龙戏珠”的图案，是为两条龙相对着，戏玩着一颗宝珠。“五蝠捧寿”，是我国民间广为流传的一种传统吉祥图案，由五只蝙蝠围着“寿”字构成（也有围着寿桃），寓意多福多寿。蝙蝠之蝠与福字同音，故以五蝠代表五福。关于五福，一种说法是指寿、富、康宁、攸好德、考终命等五种福气，“攸好德”意谓所喜好的是德行，“考终命”意谓尽享天年，长寿而亡。另一种说法指寿、富、贵、安乐、子孙多。

位于盛泽镇西北的白龙桥因桥上镌有“风送万机声；晴翻千尺浪”的对联而闻名遐迩，现为苏州市文物保护单位。所跨的白龙港，水面颇为开阔，东西两向紧依

◎黎里道南桥

◎道南桥“五蝠捧寿”雕刻

◎盛泽白龙桥

蚬子兜和小牛荡。桥长 40.6 米，三孔拱券均采用纵联分节并列法砌置，中孔矢高 5.6 米，跨度 9.9 米，两次孔小于中孔，使桥形变化多姿，犹如长空雁序，在一片泱泱碧波上，三孔石桥展现着雄伟多姿的身影。桥上的雕刻艺术也让人称道。桥顶面石上刻有“笔锭如意”和“瓶笙三戟”的图案。

“笔锭如意”图案由毛笔、银锭和如意组成。如意，是我国的一种传统工艺品，大约出现于战国之时，在古代流行于全国大部分地区，外形和灵芝相似，一般由玉或黄金材料制成，象征着顺心如意。柄端作手指形，用以搔痒，故又称“搔杖”，可如人意，又有柄端作心字形，因而得名。和尚和道士讲经时，也持如意，记经文于上，以备遗忘。将毛笔、银锭和如意组合在一起，谐音“必定如意”。“瓶笙三戟”图案，为瓶中插有三支戟，旁边还有一个笙，谐音“平升三级”，寓意为官连接晋升三级。

◎盛泽如意桥

在盛泽还有一座桥，干脆将桥名以吉祥器物“如意”命名。该桥位于盛虹村豆腐港，跨大伏小适两圩，据桥上铭文和清乾隆《盛湖志》记载，清康熙六十一年（1722）始建，至清雍正十一年（1733）竣工，由里人俞衡旦、杨龙吉创捐募建。1994 年 7 月，列为吴江市文物控制单位。2014 年 6 月，公布为苏州市文物保护单位。桥为拱形单孔，东

◎如意桥桥额与“如意”图案

西走向，由花岗石构筑，拱券为纵联分节并列法砌置。桥长28.4米，宽3.5米，跨度7.6米，矢高4.35米。桥身南北两向分别镌有对联：“天际霓虹千岁古；望中烟火万家新”和“虹垂野岸祥光合；烟锁江村佳气浮”。

◎白龙桥桥面石“必定如意”雕刻

如意桥为何得名“如意”，要归结于桥体两侧均雕刻着颇为亮眼的“如意”图案。

位于七都镇东庙桥村的全国重点文物保护单位东庙桥次孔石梁边端上的如意雕刻则以“如意云”形状出现，云在天上，如意连云，表示如意从地上连接到了天上的云，反映了当时当地人们对美好生活的期盼，也给古朴的东庙桥增添了些许飘逸的气息。

◎东庙桥“如意云”雕刻

同里镇有座乌金桥，当地俗称乌溪桥，原位于同里镇郊九里村，始建于明天顺元年（1457），清康熙五十五年（1716）、乾隆三十三年（1768）重建，嘉庆十六年（1811）募修，光绪元年（1875）重修。1994年7月，列为吴江市文物控制单位。因当地另辟道路，乌金桥已不通行，遂于1999年8月按原构移建于同里镇区丁字河西端，现为苏州市控制保护建筑。

该桥为拱形单孔，系用青石、花岗石构筑，全长13.4米，矢高2.4米，中宽2.15米，堍宽3.25米，甚为小巧、精致。站在乌金桥上，只见东侧鱼行桥的身影依稀入目，桥南堍香樟吐翠，桥北堍柳丝飘拂，桥西侧与对岸隔河的陆家埭廊棚绵廷着伸向两端……在欣赏乌金桥周围秀丽景色的同时，不妨细细观看一下该桥桥面石上的一幅图案。这图案的雕刻粗犷有力，画面栩栩如生，左上角刻着一只喜鹊，下视着地面，图的下半部刻着一只獾，回首仰视着天空和喜鹊。这图案为“獾天喜地”。民俗中，獾谐音“欢”，喜鹊象征“喜”，图案中獾抬头朝天，喜鹊俯首朝地，合意为“欢天喜地”。

同里还有座富观桥，桥上也镌刻着吉祥图案。富观桥，旧名庆荣桥，从同里“三

◎同里乌金桥

◎乌金桥“欢天喜地”雕刻

桥”之一的太平桥北堍进入仓场弄，穿过富观街，就到富观桥了。该桥始建于元至正十三年（1353），明成化年间（1465—1487）和清康熙五年（1666）两度重建。现存之桥系清嘉庆十八年（1813）重建。富观桥为拱形单孔，南北走向，全长 34 米，中宽 2.85 米，矢高 5.1 米，跨度 9.4 米。桥面设有坐栏，供过往行人休憩。桥北直角相交着两个桥堍，分别向西、北延伸。构筑富观桥的石材具有多样性，既留有元代初建时的武康石和明代整修时的青石，又有清代重建时的花岗石。

到了富观桥，最好雇上一只游船，到桥下去观赏一下拱券上所刻的“鲤鱼跳龙门”图案。鲤鱼跳龙门，是古代的一个民间传说，发生在今山西龙门山所在地区。鲤鱼跳龙门，用来比喻逆流前进，奋发向上。科举制度推行后，鲤鱼跳龙门被用来比喻科举中试和升官等飞黄腾达之事。

◎富观桥

富观桥上的“鲤鱼跳龙门”图案，鲤鱼的形象与众不同，为龙首鱼尾。传说在很早以前的一个三月桃花汛期里，这条鲤鱼在即将跳过龙门之时，忽然看见河岸边走来一位娇艳的女子，不由得动了凡心而走了神，结果前功

◎富观桥重建石刻

◎富观桥“鲤鱼跳龙门”雕刻

尽弃，变成了似鱼非鱼、似龙非龙的模样。当地的人们深为这条鲤鱼惋惜，惋惜之余，就把它的模样雕刻在了富观桥上。

汾湖高新区芦墟古镇区有座古桥，名曰登云桥，桥上的雕刻也颇有特色。该桥位于芦墟市河南口，东西跨小角、忠字两圩，始建于清康熙年间（1662—1722），现存之桥为嘉庆二年（1797）重建。1994年7月，列为吴江市文物控制单位，现为苏州市控制保护建筑。桥为拱形单孔，系用花岗石构筑，拱券为纵联分节并列砌置，桥长22.7米，宽2.7米，高5米，矢高3.6米，跨度7.0米，南侧桥栏上的“登云桥”三字凝重凸现。桥顶的桥面石上除雕刻着“笔锭（必定）如意”外，还雕刻着“八宝纹”中的“犀角”和“双胜”。“犀角”，即犀牛角；“双胜”，两个菱形或圆形相扣在一起，成为图案。所谓“八宝纹”是在珊瑚枝、金银锭、万卷书、犀牛角、双胜、古钱、宝珠、如意头、秋叶、法螺等吉祥宝物中选取八种组成吉祥图案，带有祈福求祥的寓意。

◎芦墟登云桥

◎登云桥雕刻

吴江古桥上的蚕桑丝绸对联

吴江的桥活跃着楹联这一古老文学形式的身影。不管是“禹迹”“思范”这些拱形桥，还是“泰来”“中和”这些梁式桥，不管是同里的“三桥”，还是吴江博物馆东南侧的“三桥”，不管是“泰安”“双塔”这些被影视、书刊青睐的桥，还是那些名不见经传的小桥，桥身两侧都镌刻着一副副对联，这些对联凝聚着先哲和今人许多的心血和智慧，记载着吴江悠久厚重的历史，其存在为吴江的桥梁增添了丰富的内涵。在这些桥联中，有不少是与蚕桑丝绸有关的。

◎白龙桥

白龙桥，为苏州市文物保护单位，坐落在盛泽镇西北的龙桥村，初建于清康熙初年，现存之桥系由盛泽镇丝绸业人士于清光绪三十三年（1907）捐银重建，至宣统三年（1911）竣工。该桥拱形三孔，南北走向，总长 40.6 米，三孔拱券均采用纵联分节并列法砌置，中孔矢高 5.6 米，跨度 9.9 米，两次孔小于中孔，使桥形变化多姿，犹如长空雁序。白龙桥所跨的白龙港，水面颇为开阔，东西两向紧依蚬子兜和小牛荡。该桥桥身上镌有四副楹联，其中一副是丝绸文化楹联：“风送万机声，莫道众擎犹易举；晴翻千尺浪，好从饮水更思源”。上联中的“风送万机声”，是盛泽纺织业生产规模的真实写照。据史载，盛泽的丝绸生产，在明代嘉靖年间便有“日出万绸，

◎白龙桥对联

衣被天下”之称。明代著名小说家冯梦龙在《醒世恒言》中写道：“话说这苏州府吴江县离城七十里，有个乡镇，地名盛泽。镇上居民……俱以蚕桑为业……络纬机杼之声，通宵彻夜……乃出产锦绣之乡，积聚绫罗之地。”至清光绪六年（1880），江海关官员E·罗契到盛泽来实地调查，全镇织机已有8000台之多，成为国内生产丝绸最多的地方。这一联句也颇有诗情画意：站在白龙桥上，白昼可听到万家机声与乡间阡陌上的牧童短笛之音融成一片，入夜则可听到万家机声与田间池中的阵阵蛙声交响共鸣……下联中的“晴翻千尺浪”，可视为写景之句：依桥栏而望，丽日当空，桑青秧绿，桥下碧水在清风吹拂下，荡起阵阵波澜……同时，此句也以比拟手法，描绘了一幅绸缎炼染业的兴盛图景。据载，明清以来，盛泽出产的丝绸除少量以生坯直接运往外地外，大多炼染为绸，炼坊、染坊最多时达上百家。这些作坊常在空旷的地上竖起竹竿，将染整的绸缎晾晒于上，清风吹来，那十余丈长的绸缎翻舞起伏，掀起了层层彩浪。上下联的后半部分用了“众擎易举”和“饮水思源”这两个成语。一方面颂扬了建桥的功德，感叹建桥的艰辛，另一方面告诉人们，不论是造桥之类的公益义举，还是丝绸业的发展兴旺，全赖于众人的齐心协力，当然也决非易事，作为后人，要饮水思源，发扬光大才是。

◎登云桥

在盛泽还有一座一孔拱形古石桥，名为登云桥，俗称溪桥，位于茅塔村，跨麻溪，明成化十年（1474）；一说成化十三年（1477）由沈姓道士所建，现存之桥为盛泽绸业公所于清宣统二年（1910）出资重建，现为苏州市控制保护建筑。

此桥旧时为盛泽通往浙江边境乡镇的必由之路和丝绸运输主要通径之一。桥为南北走向，全长33米，宽3.55米，中孔跨度10.4米，中孔矢

◎登云桥对联

高 6 米。桥身两向各镌有两副对联，其中有两副与丝绸有关，一副为：“姐妹三条联远影；桑麻四野便行程”。联中的“姐妹三条”，是指种福、禄安、长生三桥。种福桥，跨修字、熟字两圩，明天启四年（1624）由里人仲廷选创建，清同治十一年（1872）修；禄安桥，跨修字、猷字两圩；长生桥，跨熟字、易字两圩。这三座桥“以其各踞一隅相望可见，俗以三条桥称之，谚云‘姐妹三条桥’”。另一副为“遥听隔岸绫梭，弥思物力；最喜结邻村社，永赖神庥”。联中的“神庥”，指神灵护佑，出自五代十国·前蜀·杜光庭《王虔常侍北斗醮词》：“答往愿于当年，期降恩于此日，永当修奉，以荷神庥。”

◎登云桥对联

盛泽还有一座三孔梁式古石桥上镌刻着对联，是为青云桥，俗称南新桥，为苏州市控制保护建筑，位于盛泽镇圣塘村，初建无考，民国十一年（1922）重建。该桥桥身上镌有两副楹联，其中一副与丝绸文化有关，是为：“虹影卧鸥波，北带麻溪，南襟绣水；鳞塍环雁户，春风击壤，夜月鸣机”。联中的“绣水”，即秀水，为今浙江嘉兴；“击壤”，为古代的一种投掷游戏：“夜月鸣机”，描述了以前盛泽乡下挑灯夜织的景象。

盛泽还有几座桥或已改建，或已不存，但其以前镌刻在桥身上的对联仍在文字上流传着。一座名为鼎方桥，在盛泽镇北角村，该桥初建无考，清乾隆四十三年（1778）重建，乾隆五十八年（1797）重修，1980 年代改建为水泥桥。该桥桥身上曾镌有四副楹联，其中一副与蚕桑文化有关，是为：“舟楫往来，一水潆洄连北角；桑麻掩映，数村环抱接中山”。联中的“北角”指北角荡；“中山”，为一桥名；“桑麻掩映”，描述了当地种桑植麻、绿树成荫的景象。

一座是香波桥，为拱形单孔，在盛泽镇西白漾拾锦塘上，明天启元年（1621）始建，清康熙四年（1665）、同治九年（1870）分别重建，现已不存。该桥桥身上曾镌有两副楹联，其中一副与丝绸文化有关，是为：“人去横塘曾拾锦；客来题诗亦生香”。联中的“锦”，当今盛泽人在发扬光大，其宋锦织造技艺为非物质文化遗产项目。

另一座是目连桥，梁式单孔，在盛泽镇南塘村，初建无考，清同治十一年（1872）重建，民国十四年（1925）又重建，现已改建为水泥桥。该桥桥身上曾镌有两副对联，其中一副是丝绸文化有关，是为："策杖闲听，两岸机声连牧笛；临流远眺，一泾帆影伴渔舟"。联中的"两岸机声连牧笛"，形象地描绘了农户家传出的阵阵织机声与骑在牛背上牧童吹出的悦耳笛声交相融合的情景。

◎香波桥旧影

如果说丝绸重镇盛泽桥上的对联以丝绸为主，那么吴江西南部桥上的对联则以蚕桑为主。七都与震泽交界之处有座双塔桥，该桥濒临稽五漾（俗称金鱼漾），原名双石桥，有东西两桥，各为拱形三孔，并分别在桥堍镇立着一座石塔（故名"双塔桥"）。该桥桥身上镌有四副楹联，其中一副与蚕桑文化有关，是为："惟上上田，农桑兴大利；活泼泼地，兰若宛中央"。联中的"上上田"，旧制田分九等，上上田为最优之田；"兰若"，佛寺之意，联中指双塔桥堍的浮碧庵；"农桑兴大利"，可见当地乡民以前非常看重桑事，将其放在与农事并重的地位。

◎七都双塔桥

七都还有一座拱形三孔古石桥，名为北回桥，为苏州市控制保护建筑，在群幸村，初建无考，清光绪十八年（1892）重建，其东堍属浙江省湖州市南浔区（故湖州市人民政府也将北回桥公布为文物保护点）。该桥桥身上镌有四副楹联，其中一副与蚕桑文化有关，是为："壤接拜山庄，桑麻蔽野；水经稽五漾，江浙分疆"。联中的"拜山庄"，为当地地名；"桑麻蔽野"，可见当地以前蚕事兴旺的景象。

与七都镇同处吴江西南部的桃源镇以前也有石桥上镌刻着蚕桑对联。如青云社区巴家斗有座度生桥，始建无考，民国二十五年（1936）重建，现已不存。该桥桥身上曾镌有两副对联，其中一副与蚕桑文化有关，是为："两岸桑麻丰且稔；一泓流水远而长"。描述了当地庄稼成熟、农桑丰收的情景。

吴江北部以前养蚕的地方不多，但在松陵盛家厍南侧的太平桥上且镌刻着一副与蚕桑文化有关的对联，是为：“千家城郭蚕桑地；万顷烟波鱼米乡”。将吴江素称“蚕桑之乡”和“鱼米之乡”的情景付之联中。

◎双塔桥对联

改革开放后，吴江恢复重建或新建了不少新的石桥，其中有的也镌刻了与蚕桑丝绸有关的对联。如北七星桥，位于松陵南郊，北接三江桥等桥，南连三山桥、南七星桥，是世界遗产点——运河古纤道上的一座纤桥。该桥原为一般的平桥，因年久失修，1995 年，吴江市政府组织有关部门，依照盛泽白龙桥的形制，将之改建为一座既宏伟又多姿的三孔石拱桥。该桥桥身上镌有四副楹联，其中一副与蚕桑文化有关，是为：“水往月中流，灌浇两岸蚕桑地；人从虹上走，吟唱一方鱼米乡”。联中的“月”指北七星桥的桥洞，“虹”指北七星桥的桥背；“灌浇两岸蚕桑地”，再现了当今吴江继承传统，将蚕桑丝绸产业发扬光大的情景。

吴江博物馆东南侧，20 世纪 90 年代初建造了三座石桥，其中最东侧的那座名富贵桥，为拱形单孔，该桥桥身南北两向各镌着一副对联，其中一副与丝绸文化有关，是为：“河畔华绸羞魏紫；桥头锦缎胜姚黄”。联中的“魏紫”，为千叶肉红牡丹，出于宋代洛阳魏仁溥家，“姚黄”，为千叶黄花牡丹，出于宋代洛阳姚氏民家，魏紫姚黄原指当时洛阳两种名贵的牡丹品种，后泛指名贵的花卉；联中的“华绸”和“锦

◎北七星桥

◎富贵桥

缎”，由实为虚，借指各种花卉，也由虚及实，确指吴江特产丝绸。

2021 年，盛泽镇恢复重建的白马桥。该桥即白马寺桥，亦名东旸桥、圆明寺桥，初建于明崇祯二年（1629），清康熙三十六年（1697）、乾隆三十三年（1768）、道光年间（1821—1850）数度重修、重建。后圮。同治十年（1871），经知县万青选上请劝捐，予以重建。1949 年 4 月毁于战火。恢复重建时，在桥上镌刻了四副对联，其中两副与蚕桑丝绸有关，南向中联为：“忆先贤，竭虑殚精玉蝃重通堑；看舜水，织云绣锦寺桥又映辉”。联中的“先贤”，指清乾隆年间盛泽徐氏父子、清末任吴江知县的万青选（周恩来外祖父）等为白马桥杰做出贡献的人士；“玉蝃”，指白马桥；“舜水”，为盛泽的别称之一，因明代才子卜舜年而名；“寺桥又映辉”，指白马桥和白马桥西侧的圆明寺禅重放光彩；“织云绣锦”，描绘了古今盛泽人不辞辛劳，致力于丝绸事业的情景。

◎白马桥对联

北向中联为：“白马越千年，南国佛光含蝃影；红梨滋万树，东旸春色满绸乡”。联中的“红梨”，指红梨湖，即当地人俗称的桥北荡；“东旸”，为双关语，既指白马桥的别名，也寓东方日出；“绸乡”，则直指中国四大绸都之一的盛泽。

退思园里的桥

世界遗产点——同里退思园里有两座桥。一座是三曲桥，平卧在园内主景——退思草堂左前侧的水面上。这三曲桥，桥面由并排三块长条石铺成，两旁围有竹栏杆，桥上架有紫藤棚，紫藤花垂挂得累累实实，把整座三曲桥笼罩在花海里。走在三曲桥上，人似凌波而行，只见园内的楼台亭桥和花树藤蔓一齐将倒影投在碧波之上，一群群红尾金鱼摇头摆尾地游来，漾起阵阵涟漪，将倒影荡散……三曲桥的北塊侧里是琴房，这里也是一个观景的佳点，俯仰皆宜，远近全收。近可俯视窗前的曲桥流水，远可仰观隔岸的亭阁楼台，时常有人在这里效仿当年《西厢记》里的崔莺莺小姐弹上一曲《高山流水》。说起“高山”，这园内倒也是有一座，就在三曲桥的南塊侧里，重重叠叠的太湖石围筑成一座嶙峋的假山，山巅上翼然一亭，名为“眠云亭”，登亭而坐，与友摆枰对弈，可谓其乐融融。

有人说，当年退思园园主任兰生从凤（阳）、颍（州）、六（合）、泗（州）兵备道任上退下来后，一面是“退而思过”，连宅子的方位也由纵向变为横向，自西向东一路苦思，一面则在“由退思进”，以期有朝一日宦海复出，东山再起，这在园内的景物上不难找出一些痕迹，像园中石子路上铺出的图案皆为一瓶口插着三支戟，以寓日后能“瓶（平）升三戟（级）”，园池上的这一座三曲桥，则是他对自己当年官居三品的怀念，不知任氏是真有此意，还是偶

◎退思园

然的巧合？

◎退思园天桥

园内的另一座桥是“天桥”，为一旱桥，堪称江南一绝，在古典园林中不可多得。1986年，即在退思园修复开放两年后，《人民画报》将其作为“全国十大风景名胜”——“苏州园林”的代表景点予以刊出。这天桥位于园的南侧，远望之，犹如一条横空出世的飞龙，越过假山之巅，将两边的“菰雨生凉轩”和“辛台”连成一体。在辛台后面，循山洞，绕石径，拾级而上，登临桥上，则园中景色一览无余，只见碧水紧贴小园，绿树掩映花石，令人心旷神怡。此桥前后贯通，八面来风，最热的天到比，也只觉得神清气爽。

在天桥上，观赏园里的夜晚景色也颇佳。只见一轮明月升起在园墙树梢上，园中楼台亭石、廊舫桥榭，全披上了银色，俯观之，只见景物之影与那晶莹剔透的冰轮倒影相依做伴，叠映在园池之上，清风徐来，月影忽圆忽缺，景影扑朔迷离……天桥的东侧是菰雨生凉轩，此轩是园里“四景”中的“夏景”所在。轩南芭蕉葱绿，棕榈苍翠；轩北贴水，芦苇菰草掩映。轩中立有一面大明镜，游人步入其间，犹如置身于碧水环抱之中。每逢盛夏酷暑，在这里赏荷，让微风吹来阵阵沁凉，顿觉烦渴全消。若阵雨突至，听雨打芭蕉，其声犹如“大珠小珠落玉盘”，让人仿佛置身于一个美妙的音乐世界之中。天桥的西侧是辛台，这里是当年园主读书求学问的地方。退思园外宅荫余堂对联“快日晴窗闲试墨；寒泉古鼎自煮茶”中的上联似在描述着辛台的情景，读联，可以想象园主在得闲之时步入此台，得一佳句后，不觉心情怡然，临窗迎着和煦的阳光欣然磨墨、铺纸……

垂虹桥之联

垂虹桥素以“江南第一长桥”闻名遐迩，位于吴江城区东门外，旧名利往桥，俗称长桥，始建于宋庆历八年（1048），其时为木结构。元泰定二年（1325）易石重建，为62孔（也有72孔、64孔的记载）。1957年8月，垂虹桥被列为江苏省文物保护单位时，见有47孔，其余均埋在地下。岁月流逝，垂虹桥由于年久失修，于1967年5月大部分塌毁，所幸的是尚存东西两端20余孔桥洞，现为全国重点文物保护单位。如今游人到此，虽已见不到“蜿蜒如龙”的长桥全貌，但仍可看到昔日垂虹桥的一些绰约风姿，感到不枉到此一回。也有可能，在不久的将来，将东西两端遗迹连接起来，重现昔日垂虹桥“三起三伏，蜿蜒如龙”的风貌。

关于垂虹桥之联，南宋文学家胡仔在《苕溪渔隐丛话》一书中写道：苕溪渔隐曰：“吴江长桥诗世称三联，子美云：‘云头滟滟开金饼，水面沉沉卧彩虹。’杨次公云：‘八十丈虹晴卧影，一千顷碧玉无瑕。’郑毅夫云：‘插天螮蝀腰阔，跨海鲸鲵金背高。’

◎垂虹桥旧景（1921年重印）

永叔谓子美此句雄伟，余谓次公、毅夫两联粗豪，较以子美之句，二公殊少蕴藉也。”

上文中的“苕溪渔隐”，系胡仔自谓；“子美”，指北宋诗人苏舜卿，字子美，他作有《中秋松江新桥对月和柳令之作》，诗题中的“新桥”即是垂虹桥（当时新修），全诗为：“月晃长江上下同，画桥横截冷光中。云头艳艳开金饼，水面沉沉卧彩虹。佛氏解为银色界，仙家多住玉华宫。地雄景胜言不尽，但欲追随乘晓风。”胡仔所云之句，为其诗的颔联；“杨次公”，指北宋诗人杨杰，字次公，他作有《舟泊长桥》一诗，诗题中的“长桥”即是垂虹桥，全诗为：“区区朝市逐纷华，不信湖心有海槎。八十丈虹晴卧影，一千顷玉碧无瑕。古今风月归诗客，多少莼鲈属酒家。安得扁舟如范蠡，烟波深处卜生涯。”胡仔所云之句，也为诗的颔联；“郑毅夫”，指北宋诗人郑獬，字毅夫，他作有《新桥》，诗题的“新桥”即是垂虹桥，全诗为：“三百阑干锁画桥，行人波上踏灵鳌。插天螮蝀玉腰阔，跨海鲸鲵金背高。路直凿开元气白，影寒压破大江豪。此中自与银河接，不必仙槎八月涛。”胡仔所云之句，同样为诗的颔联。

文中的“永叔”即指北宋政治家、文学家欧阳修，字永叔。关于这三联，明代王昌会的《诗话类编》中也云及。垂虹桥除了苏舜钦、杨杰和郑獬这几位诗人在诗中所写的三联外，在民国四年（1915）垂虹桥重修时，倒是真正地镌刻了一副对联在桥身上的。

这次修桥工程，按照“淤者去，塞者通，圮者治，循其故迹，勿伤民居”的原则进行。当时由于桥的东西两堍均有一些桥孔被埋入土中，地面仅见44孔。施工时，拆卸清理25孔，其中西大孔东移二丈八尺，南向镌刻了“中华民国四年六月”和“官绅商富阖邑善姓捐资重修”字样，北向镌刻了一副集句对联，是为：

八十丈虹晴卧影；

万千年浪直冲湖。

此联采用集句法，所谓集句法，即集句成联，是一种特殊的创作手法，也就是从古今文人的诗词歌赋中分别选取几个有关联的句子，按照对联中对仗、平仄等要求组成联句。上联撷自上述杨杰之句，下联为明代诗人杜庠的《垂虹桥》诗颔联的下句，全诗为：“天垂螮蝀跨三吴，桥上分明见画图。七十二湾平作路，万千年浪直冲湖。石阑干外青山小，芦苇丛边钓艇孤。老我昔年题柱手，举杯今日醉莼鲈。”

两位诗人虽相隔数百年，但他们的诗句经后人“匹配”，倒也浑然一体。对仗上，数量词对数量词，名词对名词，形容词对形容词，动词对动词，甚为工整；平仄上，不仅第二、四、六、七字相协，而且不作要求的第三、五字也相谐。视之，真无集配之感。联中的“虹”指垂虹桥；“八十丈”，为诗的语言，非确切数字，据元代袁桷所撰的《重修垂虹桥记》，垂虹桥长“一千三百尺有奇”。此联的意境似为：晴日风徐，艳阳灿金，垂虹桥像长长的彩虹一样静静地浮卧着，将倒影落在似碧玉一般的水面上；忽而风起，水面上卷起朵朵雪花似的白浪，挟着千百年的沧桑穿过桥洞，向前涌去……

吴江的嵌字桥联

嵌字桥联，在吴江桥联中占有一定的比例。

运用鹤顶格撰制的吴江桥联为数不少，七言联的，如同里中元桥联：“中流锁瀹通津渡；元气滢洄积庆祥”，黎里清风桥联：“清秀一川星可望；风高千古月分明”，七都广济桥联：“广矣急思排雁齿；济之端赖有虹腰”，盛泽水月桥联：“水通万里流源远；月照长虹烟火稠”。七言以上联的，如震泽梅家桥联：“梅桥高卧，以回水达两浙；家村美盛，而后思逮四方”，震泽长春塘桥联：“长庚妇埭，南来笠泽决泓水；春布虹腰，北去洞庭耸峙峰”，桃源问津桥联：“问讯进渔家，欲访桃源扶杖过；津梁邻古寺，闲来竹里听钟声”等，都是将桥名嵌在上下联的首字位置上。

◎清风桥

以燕颔格撰制的联，即将所嵌二字分置在上下联第二字的位置上，在吴江桥联中较少，但还是能找到其踪影，像盛泽镇莲云桥联：“白莲池边，龙鱼俱跃；碧云深处，霞骛齐飞”即是。

◎梅家桥

◎长春塘桥

◎莲云桥

将所嵌二字分置在上下联的第三字上，为鸢肩格，吴江的桥联也有不少。如桃源青龙桥联：“枚指青垂湖地远；舟行龙护云堤长”，同里渡船桥联也属此类，但有些不同，须将上下联的第三字调换一下位置，才能连成桥名，该桥联为：“春入船唇流水绿；人归渡口夕阳红”。七言以上联的，如七都大善塘桥联：“全仗大慈悲，快观临河利涉；一般善男女，争看题柱往来”。

◎北张桥

所嵌二字分置在上下联第四、五、六、七字上即蜂腰格、鹤膝格、凫胫格和雁足格，也能在吴江的桥联中找上一些。如七言联的有七都北张桥联：“山光遥接涛归北；虹势凌虚路大张”，用雁足格嵌成了桥名。七言以上联的有七都北洄桥联：“地近湖滨，南北于今成孔道；源从苕水，潆洄自昔庆安澜”，将桥名镶嵌在第六字的位置上；桃源算墟庙桥联：“坠履人来，应识算绵甲子；提壶客到，定知墟迩寅申”，将桥名镶嵌在最后第四字的位置上；震泽怀后桥联：“普渡迷津，行人怀德；高擎砥柱，垂裕后来”，七都永昌桥联：“行便七都，咸歌永乐；流通九曲，共庆昌平”和桃源该兴桥联：“东近沈漾，碧水环绕该地；西接韩山，秀峰临膺兴桥”，分别将桥名镶嵌在联的最后第二字上。

◎北洄桥

◎凤仙桥

吴江有的桥上所镌两副对联双双将桥名镶嵌在联里，如桃源青龙桥联：“青比兰深山势秀；龙从鱼化水流芳”和“枚指青垂湖地远；舟行龙护云堤长”，分别用了鹤顶格和鸢肩格。桃源凤仙桥联则以鹤顶格和凫胫格镶嵌了桥名，分别为：“凤沼垂虹，南连越水；仙源涌日，北接吴江”和“□稳登云，每多凤侣；势怀傍渎，自有仙俦”。

并用几种格，将桥名几度嵌在联里，这在吴江桥联中也有一些。如桃源镇青云度生桥联：“度佛度仙兼度世；生天生地与生人”，兼用鹤顶格、鸢肩格和凫胫格，分别以上下联的第一、三、六字连成了桥名。

在吴江嵌字桥联中，最多见的是将桥名直接置于上联或下联中，如七都镇庙港儒林塘桥联：“儒林东西分限界；笠泽南北砥中流”，桃源镇青云尊荣桥联：“道安清静，四方恭行晋祝；尊荣高矗，数处俱赖平安”，盛泽中和桥联：“北胜跨虹融水德；中和位育贯文风”，等等。

耐人寻味的是，在吴江的桥中，有些桥名运用了碎锦格，将桥名分嵌在上下联里，如黎里迎祥桥联：“日色照临迎百福；风光会合集千祥”，上联第五字和下联第七字镶嵌着桥名，也有的桥名暗嵌在桥的两向联里，如桃源桃花桥联：“地接湖滨游笠泽；境疑世外隐桃源”和“流水多情遣谁题柱；落花急语有客问津”，震泽安庆桥联：“驾不成梁，一溪流水；当车安步，四远通衢”和“西接大港，南北吉庆；东出长漾，四方平安”等，粗看上去不大看得出其中的“机关”，细观后，将其找出来“配对”，则觉妙趣绝不在明嵌联之下。

◎迎祥桥

◎安庆桥

同里有座“读书桥”

同里镇区东北躺卧着一座小石桥，当地人都管它叫“读书桥”。此桥正名为普安桥，拱形单孔，南北走向，跨后港，初建于明洪武二年（1369），弘治年间（1488—1505）里人顾宽、沈达重建，现存之桥为清道光三十年（1850）重建，桥全长21米多，拱券跨度为7米，由清一色的花岗石砌成，观之，甚为清隽秀丽。

◎普安桥

◎普安桥西向对联

普安桥为何又叫“读书桥”，原来，桥身西向有着这么一副对联：“一泓月色含规影；两岸书声接榜歌”。此联上联所创造的意境，名为“东溪望月”，是同里古景之一。据载，同里古时有前八景、后四景和续八景，共二十景，“东溪望月”在续八景之中。通览全联，在眼前呈现这么一幅恬静的江南夜色图：在夜深人静的时候，银光皎洁的明月与小桥做伴倒映在水中，一叶轻舟徐徐驶来，荡散月影，泛起阵阵涟漪，河两岸人家来的琅琅书声与河上船上的橹声此起彼落，一起回荡在寂静的夜空……下联中的

“榜”除指船橹外，另有其意。古时，科举取士及选官的次第曰“榜”，因此，普安桥对联在生动记录古镇同里读书风气历来浓厚的同时，也记录了同里以前科举发达的盛况，记录了从这里走出了无数名人志士。据史载，同里自宋代至清嘉庆十五年，曾出状元 1 人，进士 38 人，堪称人才辈出。宋代诗人叶茵，元代进士、翰林承旨徐纯夫，明初举人、江西右布政使何源，清道光进士、协办大学士、军机大臣沈桂芬，清末著名画家陆廉夫，辛亥革命风云人物陈去病，近代著名教育家、国学大师金松岑，民主教授费巩，民进中央副主席王绍鏊，等等，均系声名卓著、影响遍及海内外的人物，古镇人常常如数家珍地向来镇的客人提起他们呢！

普安桥的东向桥身上也有一副对联，是为：“古塔摇红迎旭彩；罗星晕碧锁溪光”。该联上联中的“古塔”，据清嘉庆年间所出的《同里志·卷四》记载，在普安桥附近有一座古红塔，初为佛幢，清乾隆六年（1741）由里人“架屋一椽覆之”，长洲（今属苏州市吴中区）籍学者沈德潜书额，清嘉庆五年（1800）里人王祖瓒募资重建。现古红塔已无，但“红塔埭”的地名还在当地沿用至今。下联中的“罗星”指同里镇东同里湖中的一个小岛，以周围芦丛形似罗星得名，洲上有观音寺、文昌阁、斗姆阁等建筑，其景色优美，远望之，殿宇楼阁浮在碧水之上，如湖面托起一座仙山琼台，驱舟从普安桥往东，出港即可到此洲。

细观此联所创造的意境颇美：一轮红日喷薄而出，将万道旭彩撒向大地，历经沧桑的古红塔也沐浴着朝霞，摇曳着红光；犹如蓬莱仙境的罗星洲，绿树成荫，绿草如茵，四周芦丛溢翠，在碧云天的映照下，在碧水波的衬射下，恰似翡翠，将湖口清绿的溪水映得更清更绿了……

◎同里罗星洲

运河虹彩萦诗韵

吴江的桥多，历代诗人吟咏桥的诗歌也多，单吟咏垂虹桥的诗词就有四五百首，吟咏其他古桥的诗词也数不胜数。这里，来向大家介绍一些吟咏跨运河和运河塘岸上的古桥诗歌。

一

位于松陵南郊、京杭大运河西岸的运河古纤道上，以前，在这长九华里的石塘上有桥十三座，现在是世界遗产点和全国重点文物保护单位京杭大运河的文物遗存。历代诗人有好多首吟咏这些桥的诗作，其中甘泉桥的尤其多。

◎京杭大运河吴江段（局部）

◎运河古纤道旧影

甘泉桥，原为七孔平桥，亦名第四桥，初建无考，明代多次修建，嘉靖三十六年（1557），官府易木重建，万历初毁，易石再建。清光绪五年（1879）前修。1980年代初，重建为六孔，名南七星桥。该桥名字的由来缘于桥下有一股泉水，清洌甘甜，唐代“茶圣”陆羽前来品尝后列为“天下四品”。此说，后人的一些文字记载可予佐证。元代平江路儒学教授郑元祐于至正三年（1343）写有一篇《甘泉祠祷雨记》，中说“州（吴江当时为州）之东行，涉江湖而为梁者相望。独第四桥之下水最深，味最甘，唐陆羽所品第四水也。”甘泉的泉水历经了好长时间依然滔滔不绝，清雍正六年（1728）筑坝干河时，泉水还汩汩不穷。泉眼正当塘河之中，桥孔之外，主眼旁还有细泉三四股。

◎甘泉桥（南七星桥）

北宋末年名臣李纲曾亲临其地，写下《松江第四桥》诗：“松江第四桥，风雨不可过。下有百尺蛟，蜿蜒枕桥卧。窟宅居要津，口腹长饥饿。每凭波涛势，能作舟楫祸。安得佽飞手，坐待神奸破。往来永无虞，时鼓清江柂。”作为古人，李纲也不例外，对甘泉甚觉神秘，以为泉下有龙居住着。

南宋官至右丞的张达明于嘉泰四年（1204）前来吴江任知县，他在任期内写了《甘泉》一诗：“桥下四榆水，人间六品泉。松陵无鲁望，山茗为谁煎。”到了宋代，甘泉的品第略降了些，张达明在诗中将甘泉称为了“人间六品泉”。

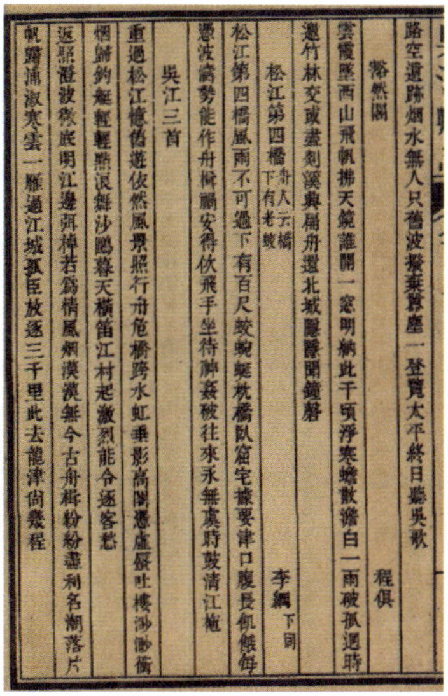

路空遺跡烟水無人只舊波撥棄群塵一登覽太平終日聽吳歌

豁然閣　程俱

雲霞壓西山飛帆拂天鏡誰開一窓明納此千頃浮寒蟾散澹白一雨破孤迥時遶竹林交戟盡剡溪輿扁舟還北城隱隱聞鐘磬

松江第四橋 舟人云橋下有老蛟　李綱 下同

松江第四橋風雨不可過下有百尺蛟蜿蜒枕橋臥窟宅據要津口腹長飢餓每憑波濤勢能作舟楫禍安得佽飛手坐待神姦破往來永無虞時鼓清江柂

吳江三首

重過松江憶舊遊依然風景照行舟危橋跨水虹垂影高閣憑虛蜃吐樓沙渺衡烟歛釣艇輕輕點浪舞沙鷗暮天橫笛江村起激烈能令逐客愁

返照澄波徹底明江邊弭棹若爲情風烟漠漠無今古舟楫紛紛盡利名潮落片帆歸浦潊寒雲一雁過江城孤臣放逐三千里此去龍津尚幾程

◎清乾隆《吴江县志》载李纲诗

元末明初著名画家、诗人倪瓒也写有一首关于甘泉的诗：“松陵第四桥前水，风急犹须贮一瓢。热火烹茶歌白纻，怒涛翻雪少停桡。”描述了他舀取并贮存甘泉之水在船上“热火烹茶歌白纻”的情景。

与倪瓒同时代，曾寓居同里的江阴诗人王逢写有一首题为《吴江第四桥阻风》的诗，中有“虹梁雪滩光明灭，风著岸胁冰鳞生”句，描述了阻风于此，所见当时甘泉桥及塘岸的情景。

与倪瓒、王逢同时代的山阴（今浙江绍兴）诗人萧国宝虽未直写甘泉桥，但他在七律《夜过吴江》一诗中写到了甘泉桥。该诗尾联为：“我有元龙豪气在，四桥破浪不须惊。”诗句中的“四桥”，即第四桥，“元龙”系指三国时的陈登，字元龙。

甘泉桥的诗不光古代人写，近代人也写，清末民初吴江松陵人费善庆即写有一首题为甘泉桥的诗：“水出甘泉第四名，石塘东去一桥横。自从白石箫声咽，回首烟波无限情。”诗的第三、四句系从南宋著名诗人姜夔（姜白石）《过垂虹》中句“小红低唱我吹箫”和“回首烟波十四桥”化来。

九里石塘 13 座桥梁中，从北至南第一座是三江桥，原为五孔石桥，跨新开河，元泰定（1324—1328）初年建。明永乐年间（1403—1424）修，嘉靖十六年（1537）知县林应麒重建。明崇祯十一年（1638），里人梅应钟再建。清嘉庆三年（1798）重修，光绪五年（1879）前重建。现桥仍在，但已改建。清代本邑诗人周廷谔曾在《吴江竹枝词》中写到了此桥，中有句云：“三江桥接四泓长，春暮莼丝滑箸香。”

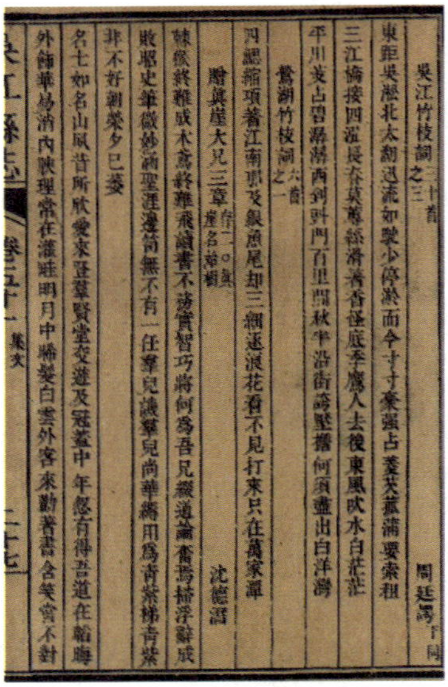
吳江竹枝詞之三 三十首 周廷諤 下同
東距吳淞北太湖迅流如駛少停淤而今寸寸桑强占菱芡菰蒲要索租
三江橋接四涇長春暮蓴絲滑箸香恆底季鷹人去後東風吹水白茫茫
平川黃占碧潺潺西到平門百里間秋半沿街蒔堅擺何須盡出白洋灣
鶯湖竹枝詞之一 六首
四鰓鱸項著江南那及銀魚尾却三綱送浪花看不見打來只在萬家單
贈吳崖大兄三章 作二〇氣 崖名孝樹 沈德潛
棣萼終難成木爲將難飛續書不易實智巧將何爲吾兄綴道論畜爲捕浮辭成
敗鄴史筆微妙滿聖涯邊筒無不有一任擎兒議擊兒尚華藹用爲青紫拂青紫
非不好綢榮夕已萎
名士如名山夙昔所欣愛束發慕賢堂交遊及冠蓋中年忽有得吾道在船晦
外飾華易消內映理常在灌畦明月中歸髮白雲外客來勸著書含笑當不對

◎清乾隆《吴江县志》载周廷谔诗

九里石塘从北至南第七座桥是万顷桥，在庙泾桥南、定海桥（北七星桥）北，五孔，初建无考，元至正年间（1341—1370），知州那海重建。明永乐年间（1403—1424）修。嘉靖三十六年（1557），官府易木再建。隆庆（1567—1572）初，仍易为石。清光绪五年（1879）前重建。宋代诗人刘嘉谟为此桥作过诗，诗题即为《万顷桥》：“巨浸茫无极，聊为万顷看。世无黄叔度，君试倚阑干。”诗中的“巨浸”指太湖；“黄叔度”，即东汉著名贤士黄宪，字叔度，其耿介正直，不与世俗同流合污，人品高尚，后人为其立碑建祠。

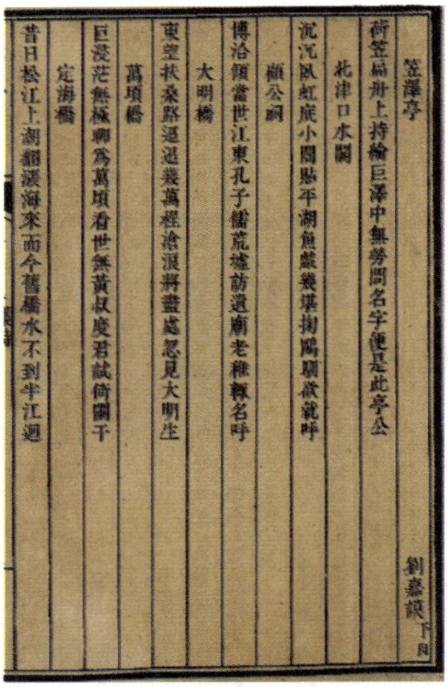
笠澤亭 劉嘉謨 下同
荷笠扁舟上持綸巨澤中無勞問名字便是此亭公
花津口水閣
沉沉風虹底小閣貼平湖魚戲幾堪掬鷗馴欲就呼
顧公祠
博洽傾當世江東孔子儒荒墟訪遺廟老稚轉名呼
大明橋
東望扶桑路迢迢幾萬程滄溟將盡處忽見大明生
萬頃橋
巨浸茫無極聊爲萬頃看世無黃叔度君試倚闌干
定海橋
昔日松江上潮翻漲海來而今舊橋水不到半江迴

◎清乾隆《吴江县志》载刘嘉谟诗

刘嘉谟（宋），也为定海桥写过题为《定海桥》的诗。定海桥原为七孔，俗呼七星桥，元至正年间（1341—1370），知州那海建。明代多次修建，嘉靖三十一年（1552），道人晋真言易石重建，快建成时而卒，后桥塌毁。嘉靖三十八年（1559），知县李迁梧重建。清光绪五年（1879）前重建。后毁。1995年，重建为三孔拱桥，名北七星桥。刘嘉谟的诗为：“昔日松江上，潮翻涨海来。而今旧桥水，不到半江廻。”诗中的“松江”，即今吴淞江。

叶茵是吴江同里籍南宋知名诗人，他写了一首题为《小垂虹桥》的七言古风：“冯夷掣开潜蛟锁，御云飞过松江左。悬腰展鬣眠东湖，生绡描作垂虹图。隐君骑背占空阔，百尺阑干景轩豁。有亭翼然芙蕖开，风朝月夕尤佳哉。柳边何曾官船来，回视驿桥多尘埃。”这小垂虹桥，清乾隆《吴江县志》编纂者在刊此诗前有一按语：“小垂虹桥，按祝穆《方舆胜览》，吴江有小垂虹桥，在石塘垒石为之，即此也。诗中云‘松江左’‘回视驿桥’，则其在石塘明矣。”石塘，即九里石塘，亦名至正石塘，即今吴江城区南郊运河西岸的运河古纤道。“小垂虹桥”，具体是九里石塘上哪一座桥，编纂者没有明示，估摸着是甘泉桥，即今南七星桥。诗中的“冯夷”，是传说中的黄河之神，即河伯，泛指水神；“隐君”，指隐居的人，这与诗人自己隐居乡里的境况有着关联。

九里石塘以北，运河上的桥也颇多，历代诗人也吟有不少诗。如明代末年诸生、诗人周永年作有多首《竹枝词》，其中有一首是为：“垂虹浮玉两桥边，争种红莲间白莲。白得藕多红得子，不知若个想夫怜。”其中的“垂虹”，即是名闻遐迩的“江南第一长桥”垂虹桥，“浮玉”为位于大运河与大窑港交界口的浮玉洲桥，拱形三孔，建于明万历年间（1573—1620），清顺治十三年（1656）重建，嘉庆五年（1800）、同治十二年（1873）重修。桥上的对联颇具诗情画意，其中一副为：“十里波光连宝带；一弯月影映垂虹”。联中的“宝带”指苏州市吴中区的宝带桥；“垂虹”，即指垂虹桥。

另一首的头两句，写到了三座桥，是为：“夹浦瓜泾浮玉洲，三桥一一束江流。”其中的“浮玉洲”即是上面所说的浮玉洲桥，“夹浦”和“瓜泾”二桥均位于松陵北侧大运河畔。夹浦桥，位于吴江县与长洲县（今苏州市吴中区）交界处，始建于南宋绍兴（1131—1162），为五孔石桥，南北走向，跨吴淞江。明宣德年间（1426—1435），遭大风雨而倾圮。弘治十三年（1500）冬，巡抚周忱以16艘船相连作浮桥代之。嘉靖年间（1522—1566），重建石桥，有人建议在运河西建石塘后再造桥，未被采纳。结果，桥造成后不久后即塌圮。万历三十年（1602），知县刘时俊在今运河中分水墩南建单孔石桥，改为东西走向，跨运河，翌年桥成。清同治二年（1863），清军与太平军交战，桥受炮轰影响，受损。1980年代，桥两堍损毁成危桥，予以拆除。

二

地处吴江中部的平望镇，有三条运河经过，分别是古运河（江南运河东线）、烂溪（江南运河中线）和頔塘（江南运河西线）。历代名人来平望，在运河边留下了许多诗篇。

唐代大臣、诗人、书法家颜真卿于大历七年（772）十一月，被委以湖州刺史，于下一年一月到任，至大历十二年八月卸任、入尚书省任刑部尚书，在此近五年期间，颜真卿来平望，留下了多首诗作。其中一首就是写平望的桥，平望桥即是现今的安德桥。题为《登平望桥下作》，诗为："登楼（楼字一作桥）试长望，望极与天平。际海蒹葭色，终朝凫雁声。近山犹仿佛，远水忽微明。更览诸公作，应高题柱名。"诗中的"楼"，指平望驿楼（桥指现今的安德桥），在平望桥南堍；"望极与天平"，与平望地名的由来"天光水色，一望皆平"一脉相承；最后一句"应高题柱名"，出自"题柱"典故，《华阳国志·蜀志》中云："城北十里有升仙桥，有送客观。司马相如初入长安，题市门曰：'不乘赤车驷马，不过汝下也！'"按《太平御览》卷七十三则引作为"题桥柱"。

南宋著名诗人杨万里一生作诗巨多，传世作品有四千二百余首，翻阅平望和吴江方志，可看到他写平望的诗有十几首。其中五律《过平望》三首堪为名篇，其三为："小麦田田种，垂杨岸岸栽。风从平望住，雨傍下塘来。乱港交穿市，高桥过得桅。谁言破书簏，担取太湖回。"这首诗流传甚广，其颈联"乱港交穿市，高桥过得桅"将平望的水和桥做了高度的概括和形象的描绘，句中的"高桥"成了安德桥即平望桥的代称。

写安德桥的诗人，明清两代也有好几位。明代诗人陶振在《过平望》中吟道："平望桥东舣画舟，江空天阔称冥搜。"清初诗人张尚瑗在《莺湖竹枝词》吟道："平望桥头望欲平，颜公题句古今名。"清代浙江海宁人、翰林院编修查慎行作有《夜泊平望驿桥下》，这平望驿桥即安德桥。诗中有句云："环桥横我前，天势堕空旷。或言虹下饮，此拟犹未当。分明半轮月，初吐碧波上。"对桥做了生动的描述。

清乾隆时震泽县令赵德基为安德桥写诗时，正值安德桥于康熙年间重建竣工之时，故诗题为《喜平望安德桥落成》，诗为："舆梁工合孟冬鸠，计日观成便众由。一缕彩虹连断岸，半轮明月挂中流。仰高且可容桅过，履坦无须綮缯留。多士同心宏利济，嘉名安德足千秋。"诗的颔联对安德桥白天和夜晚的景色都做了形象的描绘；

颈联则与杨万里的诗句“高桥过得桅”一脉相承，对于安德桥的高大做了描述。

清初诗人周芳作了七律《平望道中见石梁落成偶题》，其首联和颔联为：“莺脰湖东亘石塘，年来又见驾飞梁。派分震泽狂澜静，地接垂虹驿路长。”诗题中的“石梁”，指安德桥；诗句对平望的母亲湖——莺脰湖、运河塘岸、安德桥、水道、驿道等景物都做了生动形象的描写。

安德桥的北侧，有着一座横跨京杭大运河的石拱桥，正名为通安桥，亦名赛安桥，当地人俗称南大桥、南渡桥（相对于北侧运河上有一座北大桥、北渡桥而呼），又名画眉桥，相传“桥初成，藏一石画眉于内，舟有画眉经其下者，辄无声，知者携笼从岸而过。”翻阅《吴江县志》和《平望志》，有多首吟咏该桥的诗词。清初无锡人、官至秘书院典籍的顾贞观作有《踏荷美人·六桥词之一》，下阕结束时吟道：“双鱼好把夜来潮，此信拆开，应傍画眉桥。”词中“画眉桥”，即指通安桥。

清初浙江乌程（今浙江湖州）人、雍正进士、官至雄州知州的严遂成作有七绝《舟过平望》，后两句曰道：“白鹭一声天乍晓，衔鱼飞过画眉桥。”浪漫色彩颇浓，以白鹭、鱼儿、石桥等景物为载体，给读者描绘一幅动感十足的画面。

平望清初本地诗人张世炜也作了一首七绝：“春山斜映碧波桥，八字双蛾着意描。京兆风流今在否？行人笑指画眉桥。”到了清乾隆年间，平望当地著名女诗人、随园主人袁枚女弟子吴琼仙在《莺脰湖词》中也写到了通安桥，中有句为：“画楼近傍画眉桥，无限烟波未易描。”

在通安桥北侧，古运河东岸有一水，名小娘浜，浜上有一桥，名兴隆桥，俗呼卖龙桥，明嘉靖二年（1523）由提督水利郎中林文沛建，原为木桥，清乾隆二十一年（1756），一位游方僧人立下誓愿，募化重建为石桥，隔了三年，终于在里人张兰佩、沈端揆等的帮助下，易为了石桥。现已为水泥桥。清代平望诸生、诗人张栋有诗云：“卖龙桥畔水沄沄，聚土为墩水自分。生得能文多少辈，尽将才笔拂烟云。”

◎澜溪（烂溪）

在安德桥南，以前有

下湖桥，亦名下虹桥、蚂蝗桥，桥下水势时常奔涌，虽风波不起，桥下也听到“谡谡常如落涧声”。该桥初建无考，宋淳熙十年（1183）重建，更名为百星桥。明正统六年（1441），巡抚周忱又重建。嘉靖三十四年（1555）毁。清代以木为之。明代平望诗人陈旻在《元真仙迹》诗中云道：“下湖桥畔旧渔矶，共指元真自此飞。苔石恰如青箬笠，斜风难觅绿蓑衣。”从中可看出，当年唐代高士张志和在平望的遗迹之一——元真钓矶就在下湖桥畔。

烂溪，现为江南运河的中线，从浙江乌镇过来，经过桃源、盛泽等地，到达平望竺光桥，流入莺脰湖。这竺光桥，一名南溪桥，又名浙江桥，明嘉靖三十四年（1555）以抵御倭寇而毁。以前这里为平望八景之一，谓之“溪桥野店”。明代平望诗人陈旻有诗云：“迤逦长溪跨板桥，数椽矮屋覆青茅。甑分白雪吹风糯，石压黄封滴小槽。绿水一泓涵外户，青帘三尺写香醪。寻常有客来沽酒，只说侬家滋味高。”

三

从浙江湖州向东过来的頔塘，原名荻塘，因唐代刺史于頔修塘，故名。此水现为江南运河西线，流经浙江南浔后，过震泽、梅堰等地至平望安德桥下与古运河（江南运河东线）汇合。頔塘两岸之桥遗留下来的诗也有不少，单震泽就有好几首。砥定社区鲤鱼浜东端的頔塘北岸上有着一座政安桥，俗称张湾桥，初建无考，明洪武年间（1368—1398），由邑人沈子进重建，清道光十年（1830），里人徐学健、谭琨等再建，宣统三年（1911）又再建。1994年7月，列为吴江市文物控制单位，现为苏州市文物保护单位。该桥与附近的頔塘、慈云寺塔、禹迹桥、分水墩、文昌阁等景物一起组合成一幅震泽古镇东首美丽的画卷。清道光《震泽镇志》还刊有一首张萼作的《张湾桥晚步》诗：“烟

◎頔塘

霭净天空，芳塘一望中。远峰堆晚翠，飞阁入流虹。网晒榆梢日，帆移柳外风。偶随邻叟语，不觉过桥东。”阅来，更是增添许多此桥的诗情画意。

震泽在頔塘故道上尚遗存着两座古石桥，东首的那一座名禹迹桥，

禹迹桥往西三百余米，又耸立着一座桥，桥名取《尚书·禹贡》中句“三江既入，震泽底定”而名底定桥，俗称大桥，初建无考，宋淳祐二年(1242)、元至大二年(1309)、明景泰元年（1450）、嘉靖三十二年（1553）先后重建。清康熙、乾隆年间又重建、重修。1970 年代改为水泥桥，2022 年恢复重建为石桥。清初吴江诗人、《百城烟水》作者之一的徐崧，在《太湖巨浸》一诗中写到了这两座桥：“巨浸源长近接苕，秋来葭菼亦萧萧。输他震泽名偏古，禹迹犹传底定桥。”

吴江恢复新修桥梁对联撷萃

改革开放以来，吴江各地一方面修缮各级文物保护单位，一方面恢复重建一些历史建筑，其中包括不少古桥，大多的古桥上镌刻了对联。现撷取一些，述之于下。

一

1995年，吴江市政府组织文物、交通部门恢复重建了运河古纤道上的北七星桥。该桥正名为定海桥，原为七孔，俗呼七星桥，北接万顷、惠政、观澜、三江等桥，南连三山、甘泉（南七星）、彻浦等桥，桥东西两向镌刻对联四副，为陈志强撰制。

东向中联为："碧浪跃白鲈，直令季鹰辞主返；金风送斜日，但教尧佐系舟留"。此联的上联用西晋张翰思鲈弃官归乡的典故，张翰字季鹰；下联用宋代枢密副使、参知政事陈尧佐途经吴江不忍离去的史事，他曾作《吴江》诗："平波渺渺烟苍苍，菰蒲才熟梅柳黄。扁舟系岸不忍去，秋风斜日鲈鱼乡。"

东向边楹为："一泓清水近连笠泽；九里石塘远接京杭"。联中"笠泽"为太湖的古称；"九里石塘"，吴江城区三江桥至彻浦桥的大运河西岸塘路，全长约九里，故亦名九里石塘，唐元和五年（810）开始修筑，元至正六年至七年（1346—1347）复以巨石修筑，故又名至正石塘。

西向中联为："水往月中流，灌浇两岸蚕桑地；人从虹上走，吟唱一方鱼米乡"。联中的"月"喻桥洞，"虹"喻桥。西向边联为："轻撩水北三江薄雾；畅饮桥南四品甘泉"。联中"三江"，指北七星桥北侧的三江桥，亦泛指吴江北面的江河，即吴淞江、瓜泾港、大窑港等；"四品甘泉"，指北七星桥南面的"甘泉"，唐朝时被"茶圣"陆羽品为"天下四品甘泉"。宋代嘉泰年间任吴江知县的张达明作有《甘泉》诗："桥下四榆水，人间六品泉。松陵无鲁望，山茗为谁煎。"诗中"鲁望"指陆龟蒙。

2013 年 12 月起，吴江区政府组织文物等部门对现存的 1.8 千米运河古纤道按原貌进行全程修缮，于翌年竣工。该工程中包括开挖填没的夹河，并在夹河上建造了两座石桥，南侧的为挹波桥，桥上镌刻了两副对联，由朱永兴撰制。南向的为：“挹来百舸争流急；腾起千波伴棹欢”；北向的为：“登桥漫品婀娜柳；隔岸倚闻欸乃歌”。

◎挹波桥

北侧的那一座名为望泽桥，桥上也镌刻了两副对联，由陈志强撰制。南向的为：“千艘鹢舸过虹去；九里石塘迎客来”。桥名中的“泽”，指笠泽，即太湖；联中的“鹢舸”，指船头画着鹢鸟的船，泛指船只；“虹”，指望泽桥附近的运河大桥。北向联为：“近观塘路十三蝃；遥望洞庭七二峰”。联中的“十三蝃”，据清乾隆《吴江县志》载，九里石塘上共有 13 座桥，分别为三江桥、安邑桥（跨塘河）、观澜桥、惠政桥、仙槎桥、庙泾桥、万顷桥、定海桥（北七星桥）、三山桥、甘泉桥（南七星桥）、通津桥、龚家桥和彻浦桥；“洞庭”，指太湖洞庭东山与洞庭西山。

◎望泽桥

1994 年，吴江市政府在吴江博物馆东南侧水面上建造了三座石桥。东边的那一座名曰富贵桥，拱形单孔，桥上镌刻着两副对联。东向的为：“河畔华绸羞魏紫；桥头锦缎胜姚黄”。由陈志强撰制。联中的“华绸”和“锦缎”，由实为虚，借指各种花卉，也由虚及实，确指吴江特产丝绸；“魏紫”，为千叶肉红牡丹，出于宋代洛阳魏仁溥家，“姚黄”，为千叶黄花牡丹，出于宋代洛阳姚氏民家，魏紫姚黄，原指当时洛阳两种名贵的牡丹品种，后泛指名贵的花卉。通观此联之意，切合桥名“富贵”。西向的为：“富洒革故雨；贵扬鼎新风”。由戴力行撰制。此联上下联首字嵌桥名“富贵”“革故鼎新”为一成语，泛指除去旧的，建立新的。出自唐代张锐《唐中书令梁国公姚崇神道碑铭》：“夫以革故鼎新，大来小往，得丧而不形于色，进退而不失其正者，鲜矣！”

◎富贵桥

中间那一座，名平安桥，梁式单孔，桥上镌刻着两副对联。东向的为：“祥开彩虹千秋瑞；喜溢乾坤万户宁”。西向的为：“平步青云里；安然紫气中”。由骆黎明撰制。此联上下联首字嵌桥名。联中的“紫气”，传说昔日老子出函谷关，关令尹见有紫气从东而来，知道将有圣人过关。果然，没多久，老子骑了青牛前来，关令尹便请他写下了著名的《道德经》，后人遂以紫气表示祥瑞之气。

西侧的那一座，名长寿桥，拱形单孔，桥上也镌刻着两副对联，东向为：“松陵绿黛鹤千岁；笠泽波清龟万年”。由戴力行撰，联以鹤与龟为载体来切合桥名“长寿”。西向为：“志大天地远；心宽日月长”。言简意赅地道出了“长寿”的秘诀。

在吴江城区中山北路，有一座建于20世纪90年代的单孔石平桥，名为泰和桥，桥的两向均镌刻着对联，分别为：“天泰地泰三阳泰；人和家和万事和”和“人间天堂天净天丽；江南水乡水清水灵”，由方流洪撰制。这两副联有一个共同点，都用了“复辞”手法，前一副上下联重复三次用了“泰”字和“和”字，后一副上下联重复三次用了“天”字和“水”字，所不同的是，前一副还用“雁足格”，将桥名“泰和”镶嵌在上下联第七字的位置上。

二

盛泽镇区东郊有一个水面，名南镜荡。21世纪初盛泽镇在那里建造了一个公园，名曰镜湖园。该园占地500余亩，水面面积约占三分之一，园内池水涟涟，亭阁错落，山石嶙峋，更有桃园、梨园、竹园、葡萄园等各种生态观光园区散布其中。园中有一座石桥，名鸿运桥，桥上镌刻着两副对联，由陈志强撰制。其一为：“镜波跃鲤

◎鸿运桥与镜湖堂

穿环去；画舫载香掀浪来”。联中“镜”字，取自镜湖园之“镜”，也指碧水如镜之“镜”；“跃鲤”，鲤鱼跳龙门，切合桥名“鸿运”。其二为：“堂畔桂香飘十里；阁前柳影映双亭”。联中的“堂”，指园中的镜湖堂；“桂香”，镜湖堂处在桂花岛上；“阁”，指园中的镜园阁；“双亭”，指湖岸上的“亭亭玉立”双亭。

盛泽镇从2019年起在镇区西北红梨湖畔恢复重建曾名闻遐迩的圆明禅寺，至2021年春，石牌坊、山门、天王殿等建筑已竣工，大雄宝殿也开始动工。同时，恢复重建寺东侧的白马桥。在恢复重建中，桥身南北两向各镌刻了两副对联，由陈志强撰制，当地书法家谭首盛和王稚洁书写。南向中联为：“忆先贤，竭虑殚精玉蝾重通堑；看舜水，织云绣锦寺桥又映辉”。联中的“先贤”，指清乾隆年间盛泽徐氏父子、清末任吴江知县的万青选等为白马桥做出杰出贡献的人士；“玉蝾”：指白马桥；“舜水”，为盛泽的别称之一，因明代才子卜舜年而名；“寺桥又映辉”，指白马桥和圆明寺重放光彩。边联为：“登圯上，览千层云浪；倚舟中，听百八钟声”。联中的“圯”，指白马桥；“百八钟声”，指圆明寺的钟声，据方志载，圆明寺钟楼雄峙寺左，万籁俱寂时，铿然一声，声越麻溪、平望、黄家溪、浙江王江泾。

北向中联为：“白马越千年，南国佛光含蝾影；红梨滋万树，东旸春色满绸乡”。联中“白马”，指白马寺，初建于宋乾德年间（963—968），至今已一千余年；“蝾影”，指白马桥；“红梨”，指红梨湖，相传元末明初江南巨富沈万三寓居盛泽时，曾在湖畔植万株红梨树而名；“东旸”，双关，既指白马桥的别名，也寓东方日出。边联为：“十里烟波，近连五聚；百年虹彩，遥映三吴”。联中“十里烟波”，指白马桥北侧的红梨湖和南侧的西白漾等水面；“五聚”，盛泽东白漾西受市河水，南受东秀桥、东泾桥水，西北受柏家桥水，东北汇带福桥水，故称其形势为“五聚”，联中泛指盛泽诸水。

三

黎里镇东郊有一个水面，名曰揽桥荡，荡边有一座古桥，名曰揽胜桥，旧名胜揽桥，一名览桥，为梁式单孔石桥，建于明弘治二年（1489），万历十一年（1583）、清康熙三十九年（1700）、雍正四年（1726）、乾隆十八年（1753）、光绪十九年（1893）重建、重修。“揽桥残雪”为“黎里八景”中的冬景。2014年，当地政府对原揽桥进行修缮，并在其旁侧的揽桥荡上建起了一座十三孔的仿古桥梁，亦名揽桥。桥上南北两向各镌刻了两副对联，由陈志强撰制，当地书法家孙荣观和陈九奇书写。

南向中联为：“一泓碧水，波穿玉蝃十三拱；两岸绿杨，枝映黎川千万家”。联中的“一泓碧水”，指揽桥荡；“玉蝃”，喻指揽桥；“黎川”，为黎里的别称。边联为：“昔日溉翁逢阻叹；今朝嘉客过虹欢”。联中“溉翁”，指叶树枚（1767年—1824年），字云裁（一作云栽），又字条生，号改吟，晚号溉翁，清吴江黎里人，明成化进士叶绅裔孙，以工诗负盛名，有《改吟斋诗》等。据清嘉庆《黎里志》载，当年他拜访家住在黎里镇上的挚友徐达源后返家，因风雪受阻于揽桥，遂作诗感叹：“此是家乡非客里，风波也受一宵愁。”

北向中联为：“揽胜桥边，夙昔广传蛇鹤事；梨花村里，如今喜迓乐游人”。联中的“蛇鹤事”，以前传说黎里、芦墟两镇相连，黎里地形像蛇，芦墟地形像鹤，为保两全，黎里造揽桥为弓，建中立阁为箭，以使鹤不敢鸣，蛇也不游；“梨花村”，为黎里古名。边联为：“高阁临风吹玉树；揽桥积雪映蓬门”。联中的“高阁”，指揽桥西侧的中立阁，当地人俗称八角亭，在东栅水中央，有一座名为宛转桥的梁式石桥与北岸相通，清乾隆九年（1744）里人陈时敏等建，吴江知县丁元正作记。乾隆三十七年（1772），里人重修。清同治八年（1869），里人集募又重修。民国十年（1921），再重修。1960年代，中立阁趋于坍破。1970年代拆除，现存有遗址。不少古人遗有吟咏该阁的诗作，上面提到的叶树枚即作有《登中立

◎揽胜桥

阁》："眼光到此十分宽，四面窗櫺八角盘。贪看故人家一面，负他三面好栏干。"诗中的"故人"，即指上面提及的编纂清嘉庆《黎里志》的徐达源。

◎揽胜桥上对联

揽胜桥上东西两向也各挂着对联。东向联为："揽胜桥边听吴门琴瑟；梨花村里睹越苑婆娑"。西向联为："湖荡扬波，和黎川传说；宅园焕景，映闾巷帜幡"。联中的"湖荡"，指禊湖、揽桥荡、杨家荡等黎里湖荡；"宅园"，指柳亚子旧居、端本园、徐达源故居等黎里古建筑。

黎里市河上存有好几座古桥，其中西段上架有一座大陵桥，梁式单孔，南北走向，因旧时南北两堍建有财神庙和全真道院，而俗称庙桥。初建无考，明成化十三年（1477），道士吴云山重建。清乾隆四十年（1775），里人重建。清嘉庆二十年（1815）、光绪八年（1882）两度重修。后部分结构改建，存有桥墩和条石桥面。2015 年，黎里镇予以修缮，恢复原貌，并在桥上镌刻了两副对联，由陈志强撰制，黎里籍书法家徐云叔书写。东向为："河干已遁陵丘影；圯畔犹闻钟鼓声"。联中的"河"，指黎里市河；"干"，为水边之意；"陵丘"，相传大陵桥附近市河边上原有一座大丘，故名大陵桥；"钟鼓"，指道教场所的钟、鼓二楼，大陵桥南北两堍原有全真道院、财神庙和周宫傅祠，现全真道院石柱尚存，为苏州市控制保护建筑，周宫傅祠也已修缮一新。西向为："近观南北双启峙；遥望东西众虹垂"。联中"双庙"，即指大陵桥南北两堍原有的全真道院和财神庙；"众虹"，大陵桥东西两侧有鼎新桥、登瀛桥和明月桥等桥梁。

四

同里三桥，即长庆桥、吉利桥和太平桥，是古镇同里的一个著名景点，现为苏州市文物保护单位。这三桥分跨两河三街，彼此环顾，相映成趣，以其“桥中有桥，桥边有桥，下了这桥，又上那桥”的独特空间处理和浓厚的水乡情调，吸引了海内外众多游人。

这三桥的现存建筑，长庆桥为清同治十二年（1873）重建，太平桥为清光绪二十六年（1900）重修，吉利桥则是在改革开放后重建。吉利桥处在长庆桥的西南侧、太平桥的东南侧，东西走向，拱形单孔，初建无考，重修于清乾隆十一年（1746），乾隆四十八年（1783）重建。1970年代初，因填河拆除。1988年，同里镇政府恢复河道重建，并在南北两向各镌刻了一副对联，由同里籍著名书法家钱太初撰书。南向为：“浅渚波光云影；小桥流水江村”，描绘了古镇同里旖旎迷人的景色。北向为：“吉利桥横形半月；太平梁峙映双虹”。此联将吉利桥、太平桥的名字和形状分别托于联中，下联里“双虹”指的是什么，有点耐人寻味，就下联来说，梁式的太平桥峙于河上，与吉利、长庆这“双虹”交相辉映，就联所在的吉利桥来说，则“双虹”指的是太平、长庆二桥。不管怎么说，将这副对联称之为“三桥”的概括语是颇为确切的。

在同里三桥的东侧、退思园的西北侧，有一座梁式单孔石桥，名为得春桥，初建无考，明天顺、成化年间和清康熙、乾隆年间数度重建。1964年，移建此桥为公园桥。1999年，同里镇政府重建为石板踏步桥，中间五块桥面石系从镇南原三元桥移置过来，桥宽2.9米，长7.4米。桥重建中，在桥东向镌刻了一副对联：“入市怀耕乐；登高当退思”，由倪平撰制。联中“耕乐”，系双关，既指田家耕作之乐，也指得春桥西边的耕乐堂；“退思”，也为双关，既为退下来思考之意，也指位于得春桥东南不远处的退思园。

◎吉利桥

得春桥北侧，与后港交界处有一桥，名饮马桥。该桥的历史已有600多年，据嘉庆年间的《同里志》记载，明代洪武年间（1368—

1398），里人陆仲和初建，清康熙三十三年（1694）徽商程栋重建，乾隆四年（1739）里人再建，乾隆二十四年（1759）王铨、王廷锦、凌学濂、陆廷聘等人又重建，清嘉庆初年里人予以重修。现存之桥为同里镇政府于2000年重建，为贴面石拱平桥，桥两侧置有十根方形石柱，木栏杆穿插其间，桥面上刻着“轮回”图案，桥身两侧各镌一副对联。南向的是：“桥头玉马闲饮水；河上鸬鹚忙捕鱼”，北向的是：“月映清波静；风拂疏柳低”，由钱国良撰制。饮马桥周围的风情正像桥上对联所描述的那样颇为怡人：桥两堍的块石路逶迤伸向前方，河岸上垂柳依依，微风吹来，一摇一摆，舔吻着碧波，忽而，一叶渔舟驶来，船舷上正襟危坐的鸬鹚们好像是得到了艄尾主人的指令，“簌簌”扑入水中，不一会，先后浮出水面，将一条条鱼儿吐在船舱里……

传说篇

安德桥的传说

平望镇东南大运河与頔塘交叉口处矗立着一座挺拔高耸的古石桥，名叫安德桥。此桥始建年代确切是唐朝大历年间（766—779），但那时是由谁造的则不得而知，镇上流传着两个造桥的传说。

一个传说说，这里原本无桥，全靠一只渡船运送来往的行人。一年，来了一个名叫刁华的渡工，经常向渡客苛收渡钱。一个冬日，有一个穷书生摆渡前往京城赶考。他向刁华告说，家境贫寒，请求行个方便，并拿出身上仅有的三文钱。这时，船到了河心，刁华说道："乘我的船最起码要六文钱，你出三文钱只能乘一半。"说着，真的将船掉转回去。穷书生又气又恨，顾不得河水冰冷，一头跳进了河里……几年时间过去了，一天，渡口上锣声锵锵，来了一位巡按大人，刁华忙跪地迎接。巡按说道："本官今天只带三文钱，不知可摆渡否？"刁华听了，觉得这声音好熟，偷眼一看，顿时魂飞魄散，原来这位巡按正是几年前那位跳入河中的穷书生，忙求饶命。这时，县官领了一班人来迎接巡按。闻说刁华之事，要予严惩。巡按说道："此事且慢，本官尚有一事相商：此处无桥，来往行人甚是不便，本官愿献一百银两，在此造桥，不足之数，还望各位解囊。"县官等听了，哪有不允之理。不久，一座高大的石桥矗立了起来。大家为纪

◎安德桥旧影

念巡按的功德，就以他的名字“安德”作了桥名。

另一个传说说“安德”是一渡工。他看着这里虽有他这条渡船，但行人多有不便，每逢刮风下雨，更有险难，故曾向摆渡的县官求过，在这里造桥。哪知县官是个贪官，根本不想着为百姓办事。一天，狂风大作，忽有一人前来求渡，告说家中出了急事。安德急人所急，点起了篙子。船到河心，突然一个猛浪打将过来，渡船摇晃着沉了下去。安德临危不乱，将渡客救上岸。渡客感激万分，道出真实身份。原来他是巡按，奉旨为一急事微服出访途经这里。现见安德救了自己的性命，欲要酬谢。安德说，只求大人嘱当地官府造桥。巡按一口答应，完旨后即命县官造桥，并将县官斥责了一顿。怀恨在心的县官在桥快造好时，捏了个罪名，将安德发配充军。一路上，受县官之命的解差百般虐待安德，安德终于不堪折磨，客死他乡。桥造好后，县官贪天之功，将自己的名字作为桥名，百姓十分气愤，结伙告状到巡按那里。巡按勘查后，将县官革职查办，并接受百姓们的请愿以“安德”作为桥名。从此，“安德桥”的名字一直传了下来。

同里三桥的传说

古镇同里四周由同里湖、南星湖、叶泽湖、九里湖、庞山湖五个湖泊环抱着，15 条大小河流将全镇纵横分割为 7 个岛屿，54 座形态各异的桥梁将其串联连缀。在这 54 座桥梁中大多数为古石桥，江南名园——退思园西边不远处就有着三座小石桥，名为：太平、吉利、长庆，现为苏州市文物保护单位。

这三桥分跨两河三街，彼此环顾，相映成趣。站在河岸上环顾三桥，水似明镜，桥如卧虹，绿树掩映，人家枕河，一派江南水乡古镇风光。三桥以其“桥中有桥，桥边有桥，下了这桥，又上那桥”的独特空间处理和浓厚的水乡情调，吸引了海内

◎同里三桥

外众多的游人，同时成为许多影视摄制单位的最佳选景点之一。

太平桥，位于长庆桥的西面、吉利桥的西北面，始建年代不详，清乾隆十二年（1747）、嘉庆二十三年（1818）分别重建，光绪二十六年（1900）重修，桥为梁式。

吉利桥，始建年代不详，据载，该桥重修于乾隆十一年（1746）和四十八年（1783）重建。1988 年，又重建。桥系拱形，在太平桥的东南面、长庆桥的西南面。

长庆桥，旧名福建桥，俗名谢家桥，又名广利桥，拱形，在太平桥的西面、吉利桥的东北面，始建年代不详，明成化年间（1465—1487）改建，清康熙三十九年（1700）、同治十二年（1873）分别重建。1988 年，对拱面建筑进行了加固整修。

这三座桥的始建年代都不详，但据当地的一则民间传说说来，长庆桥是最后一座建成。这则传说说，在很久以前，同里镇上有一户姓谢的人家，世代为书香门第，主人叫谢绛。那年，其孙谢景初上京赶考回来，卧床不起，请了众多名医来诊治仍不见好转。一天，有一位僧人化缘路过谢家，发出一阵感叹："可惜呀可惜！"谢家人觉得很蹊跷，便把他请进府来，询问究竟。只见僧人对谢绛说："施主一家可谓书香门第，多年来诸事顺利，只是近来遇到了难解之事，但不必忧虑，只需施主一家多做善事，便可化解。"僧人说完就走出门远去了。第二天，谢绛出门去街上，走过吉利桥，跨上太平桥时，忽然觉得这里好像少点什么，一想，对了，如果在太平桥东面再造一座桥，不是可以免去百姓多走两桥之苦吗？主意打定，回去与家人们商量后，马上就动工造了一座桥，名为谢家桥，即长庆桥。周围的百姓纷纷上门来道谢。没隔几天，谢家孙子谢景初的病痊愈了，不久，从京城传来了他考中进士的好消息。

三桥是当地人心目中的吉祥之物，以前凡居民嫁娶，必在鼓乐声中抬着花轿过此三桥。如今，游人在这里，还常会碰到一队队送亲的人群，这些人群不仅限于本镇，周围乡镇的青年人喜结良缘，也纷纷驱车来这里走三桥。当地老年人过 66 岁生日，也要在吃过寿面后，来走这三桥，以图吉利长寿。至于这风俗怎么来的，当地也流传着一则传说。以前，同里镇上有一位姓钱的秀才，琴棋书画，样样精通，只因家境贫寒，年过二十有五尚未娶亲。一天，他在家门口卖字画，结识了一位外地富商。富商见钱秀才一表人才，意欲将女儿嫁于他。富商小姐嫌路途遥远，且钱秀才家里很穷，不肯答应，在父亲的再三劝说下，勉强允诺。但在成亲那天，小姐又犹豫了，刚过太平桥，准备进钱秀才家门去拜堂时，忽然改变主意，径自走到吉利桥上，哭泣起来。这时，父亲赶来劝慰，并送上"敬侯遗范"一匾。小姐这才步下吉利桥，跨上长庆桥，沿街往钱秀才家走去。结婚后，秀才与富商小姐恩恩爱爱，相敬如宾，并在老丈人的帮助下，开了一家米店，日子过得十分红火。附近的百姓们都把这美满姻缘与富商小姐结婚那天走了“太平”“吉利”“长庆”这三桥联系起来，从此，凡夫妻结婚、婴儿满月、老人做寿等都要来走三桥，以图得到钱秀才的福气。

三桥上都镌有对联，太平桥上的为：“永济太平南北路；落成嘉庆廿三年”。这副对联虽无艳丽之词句，但特色不少。首先，采用嵌字法，将桥名“太平”嵌入了联内；其次，点明了桥修建的时间，为“嘉庆廿三年”，同时点明了桥的地理位置，是连接“南北路”的；最后，对仗相当机巧，上联中的“太平”二字似是形容词，与名词的“嘉庆”对不起来，殊不知，“太平”除了桥名外也系一年号，为三国时吴国会稽王孙亮、南朝梁敬帝等君王的年号。“体小包容大”这一特色在联中得到了充分的体现。

吉利桥上有两副对联，南向的为：“浅渚波光云影；小桥流水江村”。给我们描绘了古镇同里旖旎迷人的景色。“吉利桥横形半月；太平梁峙映双虹”，北向对联将吉利桥、太平桥的名字和形状分别托于联中，下联里“双虹”指的是什么，有点耐人寻味，就下联来说，梁式的太平桥峙于河上，与吉利、长庆这“双虹”交相辉映，就联所在的吉利桥来说，则“双虹”指的是太平、长庆二桥。不管怎么说，将这副对联称之为“三桥”的概括语是颇为确切的。

长庆桥上的对联：“共解囊金成利济；好留柱石待标题”。犹似一则造桥的“宣传语”：请过往的人们一起慷慨解囊建造桥梁，以得以过河行路，好将你的名字和善举写明在桥的石柱上。而这宣传对于古镇同里来说是相当必要的。同里处处是水，家家临河，镇谚云：“水乡同里五湖包，东西南北处处桥。”，只有全镇人人捐款建桥，才能行路无阻。

泰来桥和中元桥的传说

泰来桥，位于同里镇区中部，中川桥的西侧，与“明清一条街”隔路相望。此桥，梁式单孔，原为木构，初建无考，清乾隆十一年（1746）重建为石桥，现存之桥系清道光二十年（1840）重修，为苏州市控制保护建筑。

泰来桥桥身高大，气势不凡，桥面上筑有三座凉亭，桥外侧安上了栏杆，远远望去犹似一座高耸的城台，甚是雄伟轩昂。入夜，亭上华灯齐放，将古桥映得通明，煞是好看。

泰来桥桥身的东西两侧都镌刻着对联。东向对联为：“垂天蝃蝀通兰鹢；夹岸楼台护玉龙”。这联颇有诗情画意，联中的“蝃蝀”指泰来桥，“兰鹢”指船头画着鹢鸟的兰舟画舫；“玉龙”，似既指泰来桥，也指泰来桥下的中市河之水。……西向对联是：“题柱客从云表过；涉川人向镜中来”，联中的“题柱”，据《太平御览》卷七三引晋•常璩《华阳国志》说，司马相如离乡赴京都，路过成都县北十里的升仙桥，在桥柱上题曰：“不乘驷马高车，不过此桥。”发誓不得显贵不回家乡，后遂用“题柱、题桥、题桥柱”等比喻立志求取功名富贵。联中“题柱客”的志向，比起当年司马相如来更为高远，这从其是“从云表（外）”而“度”便可知之。该联的下联则将泰来桥下的水面比作了一面镜子，以此来营造一种幽静的氛围，从而把恬淡素雅的小桥流水风景画呈献

◎泰来桥

在读联人的面前。

◎中元桥

泰来桥西南面不远处，坐落着另一座古桥，名为“中元桥”，从南园茶楼往北行数十步，便可到达此桥。中元桥为梁式三孔，东西走向，跨放生官河，始建无考，原为木结构，清乾隆十八年(1751)易石重建，嘉庆十八年（1813）重修。

中元桥又称“赌气桥”，为何得此桥名，有着一个传说哩。传说从前此处附近住着两个财主，一个患有脚疾，一个患有眼疾。有一天，他俩一起在茶馆里喝茶，有脚疾的财主指着前面一座木桥对有眼疾的财主说道：“老兄，我想把这座桥改造为石桥，以后你可靠吾之福，再也不用在风雨中扶着桥栏杆过桥了。”话音刚落，那个有眼疾的财主发了火，说道：“你造你的桥，我走我的路，干嘛我要靠你的福呢？再说，你能造桥，难道我就不能造吗？”事隔半年，果然两座桥相继落成，有脚疾财主造的那一座叫“泰来桥”，有眼疾财主造的那一座便是“中元桥”。据说，有眼疾财主为了不走泰来桥，抢先落成中元桥，因此，当地百姓又称中元桥为“赌气桥”。

中元桥上也镌刻着一副对联：“中流锁钥通津渡；元气潆洄积庆祥”。这对联的风格与泰来桥有异，泰来桥对联注重营造诗情画意来创筑意境，中元桥则着力以机巧来取胜，在上联中以“锁钥”象形为桥，甚为真切，下联中以“元气”代之为水，借代得当。此外，还巧妙地以鹤顶格将桥名“中元”镶嵌在上下联的首字位置上，由于用词妥切，造句自然，不注意的话，还真不察这一动作呢。

长桥美人

弘治初，垂虹桥旁有老妪奔走鬻利。一日，妪偶出，幼女守舍。忽见一美人，从小青衣徐步入其家。女视之，犹未笄，而姿色艳冶，妆饰瑰丽，若贵家处子，问：“婆婆安在？”且曰：“吾不能待，当重来相访。”出门登画舫而去。

妪归，女告之。妪不为意。明日又出，美人复来，女询其姓氏，不答。又问：“有何言？”美人掩袂羞涩久之，语女曰：“欲相烦求一配耳！”因邀女同行，见画舫舣堤畔，美人邀女登焉。张设甚丽，异香袭人，几上置枣一盂，取以啗女，女留一二于怀，归以告妪。出枣相视，大异焉，既杳无所见，物色卒不可得。时盛传为水仙龙女云。（出祝允明《志怪录》）

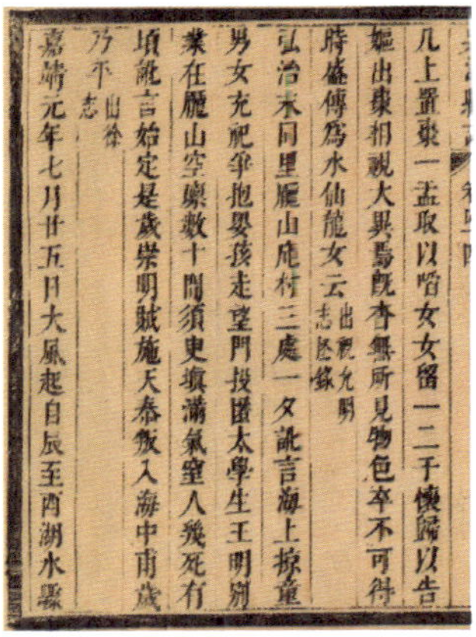
几上置棗一盂取以啗女女留一二于懷歸以告
嫗出棗相視大異焉既杳無所見物色卒不可得
時盛傳爲水仙龍女云（出祝允明志怪録）
弘治末同里龎山庬村三處一夕訛言海上掠童
男女充祀爭抱嬰孩走窰門投匿太學生王明別
業在龎山空廩數十間須臾塡滿氣窒人幾死有
頃訛言始定是歲崇明賊施天泰叛入海中甫歲
乃平（出徐志）
嘉靖元年七月廿五日大風起自辰至酉湖水驟

◎清康熙《吴江县志》载祝允明《志怪录》节选

（录自清康熙《吴江县志·卷四十四·杂志》）

白话文翻译：

明代弘治初年，垂虹桥旁有一个老妇，靠奔走谋利（像是一个媒婆）。一日，老妪外出了，由幼女守家。幼女忽然见到一个美人，穿着小青衣慢慢步入自己家中。幼女看了下，那美人犹未成年，而姿色艳丽妖冶，妆饰很是瑰丽，好像是有钱人家未出嫁的姑娘。美人问：“婆婆在不在？”还说：“不在的话，我不能等，下次再来相访。”于是，就出门上画船去了。

老妇回来了，女儿把事情告知。老妇不大在意。到了明天，老妇又出门去了，那美人又来了，幼女便问她姓甚名谁，那美人不作回答。幼女又问她：“可有什么言语要转告？”美人用衣袖遮面，羞涩了好久，对幼女说道：“想烦请你母亲帮忙找一个佳偶哩！”于是，美人邀请幼女一起出行，看见画舫停在吴淞江堤岸畔，美人邀请幼女一起登上船。船里面布置得很是富丽，且异香扑鼻袭人。茶几上放着一盂枣子，美人取来一些给幼女吃，幼女留了几个放在怀里，回家后把事情经过向老妪相告。待幼女从怀里取枣出来看时，大为惊异，枣子没有了，一个也找不到了。当时，盛传那个美人是水仙龙女。

吴江长桥郑氏媪

淳熙元年①，吴江长桥侧居民郑氏媪，年八十余岁，日匄②于市，而蓄其剩钱于瓶，欲以画观音像。忽邻火延烧，谓其瓶亦尽矣。明日，泣理故处，于烬中得瓶，略无坏缺，而钱镕成宝像，高一尺许，冠衣璎珞、杨枝净瓶皆具，工制巧妙，匠者惊叹，以为不能及。巨室③王氏取去，营一室奉像，留媪事香火，寿过百余岁。（见洪迈④《夷坚志》⑤）

（录自清乾隆《吴江县志·卷五十八·杂录三》）

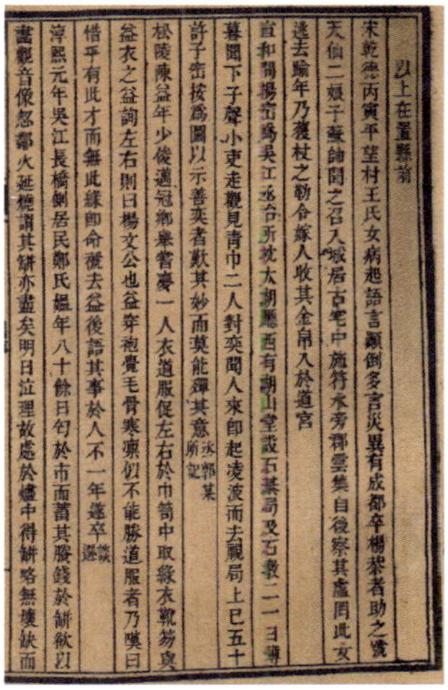
以上在置縣前
宋乾德丙寅平望村王氏女病起語言顛倒多言災異有成都卒楊棻者助之號
天仙二娘子薛帥聞之召入城居古宅中施符水旁郡雲集自後察其虛罔黜女
遠去踰年乃獲杖之勒令嫁人收其金帛入於道宮
宣和間楊克爲吳江丞令所就太湖廳西有湖山堂設石棊局及石𣝖二一日薄
暮聞下子聲小吏走覰見青巾二人對奕聞人來即起凌波而去觀局上已五十
許子克按爲圖以示善奕者歎其妙而莫能彈其意水郭某所記
松陵陳益年少俊邁冠鄉舉嘗夢一人衣道服促左右於市筒中取綠衣靴笏與
益衣之益詢左右則曰楊文公也益穿袍覺毛骨寒凛似不能勝道服者乃嘆曰
惜乎有此才而無此緣卽命撤去益後語其事於人不一年遂卒談選
淳熙元年吳江長橋側居民鄭氏媼年八十餘日匄於市而蓄其賸錢於缾欲以
畫觀音像忽鄰火延燒謂其缾亦盡矣明日泣理故處於燼中得缾略無壞缺而

◎清乾隆《吴江县志》载吴江长桥郑氏媪

注：

①淳熙元年：1174 年。

②匄：同丐，乞求。

③巨室：指名望高、势力大的世家大族。

④洪迈（1123—1202），南宋著名文学家，饶州鄱阳（今江西省鄱阳县）人，字景庐，号容斋，又号野处。官至翰林院学士、资政大夫、端明殿学士，宰执官，封魏郡开国公、光禄大夫。卒年八十，谥“文敏”。有《容斋随笔》《夷坚志》。

⑤《夷坚志》：洪迈创作的文言志怪集。书名出自《列子·汤问》。《山海经》为“大禹行而见之，伯益知而名之，夷坚闻而志之。”大意系指《山海经》中的故事是大禹看到的，伯益取的名，夷坚听说后记载下来了。可见洪迈是以夷坚自谓，将其书比作《山海经》。

饮马桥的传说

在同里后港普安桥与富观桥的中间，躺卧着一座拱形石平桥，名叫饮马桥。饮马桥的历史已有600多年，据嘉庆年间的《同里志》记载，明代洪武年间（1368—1398），里人陆仲和初建此桥，清康熙三十三年（1694）徽商程栋重建，乾隆四年（1739）里人再建，乾隆二十四年（1759）王铨、王廷锦、凌学濂、陆廷聘等人又重建，清嘉庆初年里人予以重修。现存之桥为近年来重建，虽为石平桥，但也有一些坡度，系用清一色的花岗石砌成，桥上两侧置有十根方形石柱，木栏杆穿插其间，桥面上刻着“轮回”图案，桥身两侧各镌着一副对联，南向的为：“桥头玉马闲饮水；河上鸬鹚忙捕鱼”，北向的是：“月映清波静；风拂疏柳低”。

饮马桥周围的风情正像桥上对联所描述的那样颇为怡人。桥两堍的块石路逶迤伸向前方，河岸上垂柳依依，微风吹来，一摇一摆，舔吻着碧波，忽而，一叶渔舟驶来，船舷上正襟危坐的鸬鹚们好像是得到了艄尾主人的指令，“簌簌”扑入水中，不一会，先后浮出水面，将一条条鱼儿吐在船舱里……

饮马桥也被叫作“豆腐桥”，何以有这桥名，在当地流传着一则传说。这传说的开头与《同里志》上所述相符，说在明朝洪武年间，有一个陆姓的富商捐出银两，请来工匠在这里造桥。几个月过去了，眼见石桥即将落成，就待铺最后一块桥面石了。可奇怪的是，这块桥面石放在桥基上，怎么也放不平，掉来转去，试了好几回也不行，后又换了几块桥面石放上去，也还是放不平。这下，造桥师傅可急了。

一天晚上，他又在桥边转悠起来，琢磨桥面石放不平的缘由，忽然，旁边传来一阵微弱的声音：“师傅，能给点吃的东西吗？”造桥师傅抬头一看，是一个衣衫褴褛、满脸疲惫的白发老人，忙搀住他，取来饭菜款待。白发老人吃后，精神好了许多，见造桥师傅像有心事，问道：“师傅，可有什么难事？”造桥师傅便把最后一块桥面石铺不平之事告诉了白发老人。白发老人听了，哈哈大笑：“这有何难，只需买块豆腐放在石头下面就可以了！”说完，人影不知去向。造桥师傅很是愕然。

第二天，他心想，不如死马当作活马医，就照着白发老人的话去试一试。于是，偷偷上街去买来块豆腐垫放在桥基上，然后，集聚工匠把桥面石铺上去。呵，桥面石居然四平八稳，纹丝不动了！造桥师傅喜出望外，忙把这奇事告诉了周围的人们。于是，镇上人就把这座桥叫作“豆腐桥”。

浮玉洲桥桥名的由来

以前，在三里桥的东南侧，即京杭大运河与大窑港（此港往东即是同里古镇）的交界之处，有一座颇有名气的古石桥（现已改建为现代水泥桥），名为浮玉洲桥。此桥为三孔，建于明万历年间（1573—1619），清顺治十三年（1656）、嘉庆五年（1800）重建、重修，桥身上的对联颇具诗情画意，其一为："三泖人文题柱客；五湖蓑笠钓鱼船"。另一副为："十里波光连宝带；一弯月影映垂虹"，联中的"宝带"指苏州市吴中区的宝带桥，"垂虹"指吴江东门外的垂虹桥。

浮玉洲桥的桥名因桥堍有一个水墩，名浮玉洲而来，那浮玉洲之名又是怎么来的呢？其中有着一段传说。

以前，吴江一有洪水灾害，往往就束手无策，而当地官员中，有一位名叫顾野王的，为官勤政，体察民情，两袖清风，一身正气，老百姓尊称他为"顾公"。有一年遇洪水，太湖水位暴涨，沿湖圩堤冲塌，民房受淹，饿殍遍野，民不聊生，面临此情此景，他心急如焚，但也无良策，就亲自登临高处，观察水情。只见洪水汹涌澎湃，而暴雨仍不停地下，如再涨水，即将殃及广大老百姓。他情急之中，先把自己的官服抛下，潮水并没见一星半点的退势，就再扔下自己的皂靴，还是不行，他毅然摘下自己头上的乌纱帽，丢进滔滔洪水之中，水位仍然居高不下，真是呼天天不应，叫地地不灵。他思前想后，心如刀绞。在这生死关头，为拯救黎民百姓，他携着他所编纂的《玉篇》一书，决然跃身跳入洪水之中，滔滔洪水无情地卷走了顾公。说来也神，洪水随着顾公的血肉之躯而悄然退去，水墩边上浮起了一页页《玉篇》的书页。于是，这里就被叫作了"浮玉洲"。

为纪念这一位为民捐躯的好官，老百姓节衣缩食，筹金捐资，在他投水的地方，建起了一座顾公祠。老百姓怀念他，讴歌他，尊称他为"喝潮王"（"喝潮"，喝令潮水退去之意），塑像祭祀，以志怀念。

研究篇

垂虹桥的历史及其价值

地理位置

《吴郡图经续记》《吴郡志》《吴趋访古录》等历代吴地方志，均记载垂虹桥前临具区，横跨松江，这“具区”是太湖的古称；“松江”便是现今的吴淞江，古称松江或吴江，亦名松陵江、笠泽江，发源于吴江松陵西侧东太湖，现在瓜泾口由西向东，穿过京杭大运河，在今上海市外白渡桥以东汇入黄浦江，与东江、娄江合称“太湖三江”。而在唐代以前，南起浪打穿（今吴江区菀坪社区），北至瓜泾口，都是吴淞江的上源。唐宋以后，进水口逐渐北移，便以垂虹桥所在的吴淞江为要口。明代之前，吴淞江为太湖三大泄水通道中最大的一条。明中叶后，因水道淤淀、两岸修筑、太湖滩涂围垦等原因，河面逐渐变窄，河道不时淤浅，吴淞江源头北移到了松陵北的瓜泾港。而垂虹桥下的吴淞江变成了如今的长桥河。该河现是京杭大运河吴江段的一条支流，因垂虹桥（俗名长桥）跨其上，故名，自垂虹桥向西南至吴家港全长 1.28 千米。

◎明弘治《吴江志》载《垂虹胜概图》之垂虹亭（图左）

现“垂虹断桥”，位于吴江城区东门外垂虹路北侧，东侧是吴江区委党校，南侧为航前街，西侧是松陵公园，北侧为华严塔，经纬度为：东经 120° 38′34.0″，北纬 31° 09′31.0″。

历史沿革

垂虹桥，素以“江南第一长桥”闻名遐迩，位于苏州市吴江区城区东门外，旧名利往桥，俗称长桥，始建于宋庆历八年（1048），其时为木结构，有一座名曰“垂虹”的亭子翼然立于桥心，桥孔最多时为99孔。元泰定二年（1325）易石重建，为62孔（也有64孔、72孔的记述），桥中间有三大孔凸起以通舟，两堍立“汇泽”“底定”二亭，并各立一对石狮。易石重建后，元、明、清三代期间多次进行修缮。民国四年（1915）重修时，仅见44孔，其余埋在地下。1957年8月被列为江苏省文物保护单位时，见有47孔。

岁月流逝，垂虹桥历经沧桑。由于年久失修，于1967年5月2日晚大部分塌毁，所幸东西两端存有桥孔，东端为10孔，西端显露7孔，尚有约4孔埋在地下。垂虹桥所遗桥孔由吴江县人民政府于1986年7月以“垂虹桥遗迹”之名公布为吴江县文物保护单位。2005年，吴江市委、市政府在垂虹桥遗迹周围建造垂虹景区，重现了东端的10孔桥洞及桥堍等，并予以修缮。2006年，垂虹桥东西两端桥孔由江苏省人民政府仍以“垂虹桥遗迹”之名公布为江苏省文物保护单位。2019年10月，国务院以“垂虹断桥”之名公布为全国重点文物保护单位。

◎垂虹桥旧影

基本状况

垂虹桥，为多孔石拱桥，东西走向，现有东、西两端遗存约21孔，显露在外的为17孔，长82.9米。其中西端显露在外的桥洞7孔，长32.1米，宽4米，跨度4.05米～4.65米之间，矢跨比1∶1.93～1∶1.97；桥墩厚0.50米～0.60米，墩下杉木梅花桩固基。每个拱券由五组券板石组成，两侧砌金刚墙。桥体由武康石、青石砌筑。东端桥洞10孔，另有桥堍1座、牌坊石础2个、汇泽亭亭基1处。长50.8米，其中堍长7.8米，桥宽4.2米～4.5米，跨度4.0米～4.7米之间，矢跨比1∶1.92～1∶2.27，桥墩厚0.50米～0.60米，墩下杉木梅花桩固基。每个拱券由五组券板石组成，桥体大部分用青石砌筑。

垂虹桥拱券的砌筑方法为分节并列式和连锁式，桥墩采用江南水乡常见的薄型墩。桥台、金刚墙等由武康石、青石及少量花岗石砌筑而成。其中西端三个桥洞的拱券石全部由武康石构筑，经江苏省文化厅专家鉴定系元代遗存。2003年，吴江市有关部门邀请江苏省文化厅、东南大学、同济大学的有关专家、教授，对东端的10孔桥洞、桥堍、牌坊石础、汇泽亭亭基等遗存进行现场鉴定，鉴定意见为元、明时期的遗构。

价值评估

（一）历史价值

垂虹桥位于太湖水系和运河水系的交汇处，此桥未建时的吴江县城，被吴淞江分为两半，居民隔江而居，两地的联系全靠舟船，非常不便。建桥之后，消除了南北通道上的一个险要渡口，从此士民称便。桥左江右湖，蜿蜒其间，仿佛长虹卧波，桥心又有垂虹亭可登高眺远，成为三吴绝景。明中叶后，因水道淤淀、两岸修筑、太湖滩涂围垦等原因，垂虹桥所跨水面逐渐变窄，河道不时淤浅，地理环境发生较大变迁，现今垂虹桥东西两端桥孔已失去了往日的交通功能，但它见证了宋代至近现代太湖、吴淞江和京杭大运河吴江段环境和生态的变化，也见证了作为江南水乡代表之一的吴江地区由农业社会向工业社会转型并启动城镇化进程的历史。

垂虹桥初建至今已有近千年，其历史基本上是与吴江的建县史并行的，只晚了139年，易石重建至今也已有近七百年，从垂虹桥两端所遗桥孔的材质上来看，既有江南建桥宋元时常用的紫石（武康石），也有明代常用的青石（太湖石），还有清代、民国常用的花岗石，印证着垂虹桥元代易石重建、明清两代和民国初年多次修缮的历史。

难能可贵的是垂虹桥承载了自北宋以降，历代许多名人在此进行活动的史实。如北宋大文豪苏东坡就在垂虹桥与友朋进行两次聚会。一次是熙宁七年（1074），苏东坡从杭州去山东高密，与杨元素同舟，路过吴江，约张先、陈令举、刘孝叔、李公择等人至吴江，共游松江，夜半月出之时，置酒垂虹亭，对酒当歌，诗兴大发。当时，张先已八十五高龄，但当场填《定风波令》，获得一片喝彩之声。七年之后，即元丰四年（1081），苏东坡在湖北黄州为官，时张先、陈令举、刘孝叔都已作古，而吴江的垂虹桥与垂虹亭，苏轼得悉在那年夏天因“海风驾潮”而被冲塌，遂夜坐在黄州的临皋亭里，“追思曩时”，觉是一梦耳。另一次，苏轼与秦观、释道潜相会于松江畔，正巧关彦长、徐安中也到吴江，聚宴于垂虹亭，饮酒畅谈后分韵作诗。对此，吴江方志上刊有苏轼、秦观、道潜等人的多首诗作。

又如南宋大诗人陆游也曾到过垂虹桥。南宋乾道六年（1170）一个初夏日的午间，他到了吴江，由知县管鈗、县尉周郔两位地方官员接待，经过宋大冶令三份在吴江东门外的臞庵，叹其流风，于当日傍晚离开吴江，回望垂虹桥、华严塔，感觉是图画一般，此后念念不忘。九年后，即南宋淳熙六年（1179），陆游到江西临川（抚州）任官，来至著名的拟岘台观雪，想到了吴江的垂虹桥，遂写下了《拟岘台观雪》一诗，其中有句云：“垂虹亭上三更月，拟岘台前清晓雪。我行万里跨秦吴，此地固应名二绝。”将垂虹桥放至非常高的位置。

到了明清两代，垂虹桥仍是声名远扬。如安徽学子戴昭求学苏州，先后拜唐寅、薛世奇、雷启东为师，结交了吴地不少名士。正德三年（1508），戴昭离别苏州时得到众多名士以垂虹桥为题材的赠诗，唐寅作《垂虹别意图》，戴昭便将诗画汇成《垂虹别意图卷》，由祝允明题“垂虹别意”引首，戴冠作序，包括沈周、唐寅、祝允明、文征明在内的吴地三十余位名士作诗三十六首，汪昱作跋，现《垂虹别意图卷》藏美国大都会博物馆。

到了清代，康熙帝和乾隆帝多次到过垂虹桥，并情有独钟。康熙帝的《晚过吴江》诗，首句便吟咏了垂虹桥，为“垂虹蜿蜒跨长波”，同时，康熙帝还将他对垂虹桥的爱怜之情移至了承德的避暑山庄，为酷似垂虹桥亭景观的水心榭题名，看到此榭周边景观，犹如见到了吴江的垂虹桥。乾隆帝不光为垂虹桥四周的景观写了多首诗，还在写河北省紫泉行宫、圆明园狮子林等地景观时多次提到了吴江的垂虹桥。

另在方志上刊载的北宋庆历八年(1048)钱公辅的《利往桥记》、元泰定三年(1325)袁桷的《重建长桥记》、明成化十七年（1481）钱溥的《重修垂虹桥记》、清同治五年（1866）冯桂芬的《重建垂虹亭记》、民国初年（1912）丁祖荫的《重修垂虹桥记》等文献，尚存的清康熙六十年（1721）《重建垂虹桥记》残碑、民国四年（1915）《重修垂虹桥记》碑等，也可从一定角度，凸现垂虹桥的历史价值。

（二）艺术价值

垂虹桥从北宋初建始，就以“江南第一长桥”而闻名遐迩，“东吴名胜”“三吴绝景”之誉接踵而来。自北宋至近现代，许许多多的诗人、词人和书画家为垂虹桥吟诗诵词，泼墨作画。

1. 诗词作品。北宋的张先、梅尧臣、欧阳修、王安石、苏舜卿、裴煜、苏轼、苏辙、秦观、道潜、米芾等；南宋的张元干、黄中辅、林外、陆游、张孝祥、范成大、杨万里、辛弃疾、姜夔、戴复古、葛长庚、吴文英、叶茵、周密、郑思肖、蒋捷、张炎等；元代的萨都剌、倪瓒等；明代建文帝、高启、沈周、唐寅、祝允明、文征明、王士贞等；清代的朱鹤龄、吴伟业、徐崧、陈维崧、朱彝尊、王士禛、吴兆骞、康熙帝、乾隆帝、殷兆镛等；近现代的陈去病、金松岑、苏曼殊、柳亚子、费孝通等，数百位诗人、词人为垂虹桥吟诗诵词，这在中国桥梁文学史上恐是绝无仅有的。

2. 书法作品。在历代诗人词人吟咏呈江垂虹桥的数百首诗词中，北宋书画家、诗人米芾的《吴江垂虹亭作》是流传最广的作品之一，后此诗制成了《吴江垂虹亭作》帖。此帖采自《蜀素帖》。《蜀素帖》是北宋书法家米芾于元祐三年（1088）创作的行书绢本墨迹书法作品，现收藏于台北故宫博物院。《蜀素帖》为作者在蜀素上书其所作各体诗八首而成，被后人誉为“中华第一美帖”，《吴江垂虹亭作》即是该帖中八首诗之一。另元代书法家赵孟頫书有米芾诗帖，为美国纽约大都会博物馆所藏。

3. 垂虹桥画作。自南宋至明末间有十帧垂虹桥画作。分别为：⑴南宋无名氏《长桥卧波图》，现藏北京故宫博物院，《中国古代书画图目》第十九册著录；⑵明代沈周《垂虹暮色》图，《故宫书画图录》（台北）第二十二册著录；⑶明代沈周《垂虹桥》，现藏上海博物馆，《中国古代书画图目》第二册著录；⑷明代沈周《吴江图卷》，《明代沈周唐寅文征明仇英四大家书画集》（中国台湾）著录；⑸明代唐寅《垂虹别意图》，现藏纽约大都会博物馆，翁万戈《美国顾洛阜藏中国历代书画名迹精选》著录；⑹明代文征明《垂虹送别图》，现藏北京故宫博物院，《中国古代书画图目》第二十册著录；⑺明代文嘉《垂虹亭图》，现藏苏州博物馆，《中国古代书画图目》第六册著录；⑻明代钱谷《白岳游图册》，《故宫书画图录》（台北）第二十二册著录；⑼明代张元士《垂虹亭》现藏南京博物院，《中国古代书画图目》第七册著录；⑽明代张宏《垂虹晚渡》，现藏上海博物馆藏，《中国古代书画图目》第四册著录。以上所录垂虹桥画作，都庋藏于著名博物院（馆），且皆出于名家之手，尤以沈周、唐寅、文征明等吴门画家为主。所作既有对垂虹桥景实录者，亦有在实景基础上予以艺术创作，但对垂虹桥及周边环境风貌的描绘大体一致，具有珍贵的艺术价值和历史价值。

另北宋晚期画家王希孟画有《千里江山图》，现藏北京故宫博物院，此画中的长桥，傅熹年、唐寰澄等著名桥梁专家都认为是垂虹桥；元代无名氏画家画有“石砌垂虹桥”图，现藏美国纽约大都会博物馆；明弘治《吴江志》刊有“垂虹胜概图”等；近代则有著名画家吴湖帆的《宝带垂虹》，著名画家顾麟士的《垂虹晚泊》，等等，也都具有颇高的艺术价值。

此外，围绕垂虹桥，尚留传下来不少传说、故事和山歌等民间文学作品，留传下来诸如“中秋踏灯”“中秋赛龙舟”“垂虹歌会”等民间习俗，也都具有较高的艺术价值。

（三）科学价值

武汉长江大桥初步方案设计者之一、中国现代著名桥梁专家唐寰澄在代表作《中国古代桥梁》中写道，垂虹桥“具有独特的地方特色”，为江南地区典型的薄墩连锁拱桥。在建筑规模上“故宫博物院藏明代沈周《三吴集景册》之四，以写意的方式画出了《垂虹暮色图》，所绘的是规模更大的江苏吴江垂虹桥”。正如唐教授所说，垂虹桥是江南地区典型的薄墩连锁桥，论其规模，它比现为世界文化遗产点、苏州市吴中区的宝带桥更大，宝带桥现为中国现存的古代桥梁中最长的一座多孔石桥，为 53 孔，可垂虹桥未坍塌时有 62 孔，现虽只有东西两端所遗桥洞 20 余孔（显露的为 17 孔），但也显示着昔日的规模。垂虹桥的桥墩厚 50 厘米～ 60 厘米，泄水面积为 86%，与宝带桥相比，也相仿或胜之。

令人欣喜的是现存垂虹桥的桥孔及东桥堍、牌坊石础、汇泽亭亭基均为元、明时期的遗构，历史悠久，具有古代桥梁较高的科学价值，为研究古代薄墩连锁拱桥以及桥梁史提供了典型的实物例证。

苏州市吴江区桥梁类文物单位统计

镇区	序号	名称	级别	年代	地点
吴江区	1	大运河文物遗存：安德桥、安民桥、三里桥	国保	清	苏州市吴江区
吴江经济技术开发区（同里镇）	2	思本桥	国保	宋	江陵街道同兴村
	3	苏嘉铁路桥墩	市保	1936 年	江陵街道庞杨村
	4	同里三桥	市保	清	同里镇
	5	普安桥	市保	清	东溪街与新填街之间的后港河
	6	富观桥	市保	清嘉庆十八年（1813）	富观街
	7	乌金桥	控保	清乾隆三十三年（1768）	鱼行街西端
	8	中元桥	控保	清嘉庆十八年（1813）	三元街三阳田与鱼行街东埭之间
	9	泰来桥	控保	清乾隆十一年（1746）	三元街与竹行街之间
	10	永寿桥	控保	清光绪五年（1879）	江陵街道同兴村
	11	大兴桥	控保	民国二年（1913）	江陵街道同兴村
	12	大庙桥	未定级	清	鱼行社区北大港，镇北大庙东侧
	13	蒋家桥	未定级	清乾隆十三年（1748）	鱼行社区西柳圩建康路口
	14	汤家桥	未定级	乾隆五十五年（1790）	鱼行社区西柳圩跨上元港
	15	同里万安桥	未定级	1922 年	屯村北联村韩墅
汾湖高新区（黎里镇）	16	黎里市河驳岸及古桥（包括河埠、系船石）	市保	明、清、民国	黎里镇
	17	禊湖道院和秋禊桥	市保	清	伏虎洞 35 号
	18	里仁桥（德庆桥）	控保	民国十八年（1929）	莘塔市河中段
	19	观音桥	控保	清乾隆三十五年（1770）	芦墟老街市河北端
	20	登云桥	控保	清嘉庆二年（1797）	芦墟老街市河南端
	21	嘉泰桥	控保	清光绪十七年（1891）	芦墟新区社区（原芦北村）
	22	胜秀桥	控保	清道光二十二年（1842）	北库黎星村吴江烈士陵园内
	23	万隆桥	控保	民国二十四年（1935）	黎里黎阳村（原黎泾三队）
	24	永兴桥	未定级	1929 年	金家坝星谊村 33 组

东太湖度假区（太湖新城）	25	垂虹断桥	国保	元明	松陵街道东门社区垂虹路
	26	松陵泰安桥	市保	清	松陵街道盛家厍
	27	博士桥	市保	清	横扇街道四都村
	28	施相公庙和邑宁桥	市保	清	横扇街道四都村庙前自然村
	29	八坼古桥梁：万安桥、永宁桥、合浦桥、联源桥	市保	清	八坼街道
	30	朴泽桥	市保	明嘉靖三十四年（1555）	八坼街道虹桥村、直港村
	31	聚龙桥	控保	清嘉庆二十四年（1819）	松陵街道南厍村
	32	泰安桥（长坂桥）	控保	民国十七年（1928）	松陵街道长安村
	33	红桥	控保	民国十九年（1930）	松陵街道东门社区盛家厍
	34	永宁桥	控保	民国二十三年（1934）	松陵街道南厍村
	35	竹林桥	控保	清乾隆二十一年（1756）	横扇街道四都村直大港自然村
	36	万善桥（观音桥）	控保	民国十七年（1928）	横扇街道四都村
	37	天庆桥	控保	民国二十九年（1940）	横扇街道姚家港村扶池港自然村
	38	种德桥	控保	民国七年（1918）	横扇街道叶家港村
	39	松陵太平桥	未定级	清光绪十八年（1892）	松陵街道南厍五路荡港南
	40	廻龙桥	未定级	不详	八坼街道练聚村
	41	大生桥	未定级	不详	八坼街道直港村
	42	永安桥	未定级	1917 年	八坼街道农创村
	43	奖励桥	未定级	民国	八坼街道农创村
	44	安乐桥	未定级	1936 年	横扇街道姚家港村
	45	生庆桥	未定级	1916 年	横扇街道四都村生庆桥自然村
吴江高新区（盛泽镇）	46	中和桥	省保	清道光四年（1824）	王家庄街
	47	泰安桥	市保	清同治十一年（1872）重修	黄家溪村
	48	带福桥	市保	清	东港村
	49	仁寿桥	市保	清	红洲村
	50	昇明桥	市保	清雍正九年（1731）	太平社区舜湖东路东白漾东口
	51	白龙桥	市保	清宣统元年（1909）	坛丘龙桥村
	52	莲云桥	市保	清	坛丘社区
	53	如意桥	市保	清	盛虹村豆腐港
	54	终慕桥（百嘉桥）	控保	清乾隆六年（1741）	目澜洲公园
	55	南新桥（永清桥、新桥）	控保	清乾隆二十年（1755）	南新桥弄西口（原太平社区）
	56	三阳桥	控保	清乾隆四十年（1775）	东港村张家埭
	57	长春桥	控保	清乾隆四十三年（1778）	圣塘村西张埭
	58	长生桥	控保	清嘉庆十一年（1806）	圣塘村圣塘港

吴江高新区（盛泽镇）	59	保盛桥	控保	清嘉庆二十三年（1818）	东白漾西口（原太平社区）
	60	东秀桥（乌新桥）	控保	清道光十年（1830）	鲍家弄旁（原太平社区）
	61	万寿桥	控保	清道光二十四年（1844）	圣塘村庄浜
	62	南星桥	控保	清咸丰五年（1855）	茅塔村
	63	会堂桥	控保	清光绪年间（1875—1908）	圣塘村慰塘
	64	前庄村桥	控保	清	红洲村前庄
	65	万缘桥	控保	清乾隆年间（1736—1795）	东港村苏家埭
	66	里仁桥	控保	清光绪二十七年（1901）	圣塘村孙家埭
	67	登云桥	控保	清宣统二年（1910）	茅塔村
	68	青云桥（南新桥）	控保	民国十一年（1922）	圣塘村陆家浜
	69	广济桥	控保	清同治十一年（1872）	南塘村
	70	南心村太平桥	控保	清光绪二十八年（1902）	龙桥村东吉港（原坛丘镇南心村）
	71	便民桥	控保	清光绪年间（1875—1908）	坝里村沈泥
	72	亭心桥	控保	清	坛丘村(原坛丘镇亭心村)
	73	永民桥（钵头桥）	控保	清嘉庆二年（1797）	寺西洋村钵头港
	74	万和桥（陈卖婆桥）	控保	清嘉庆四年（1799）	永平村俞家浜
	75	青龙桥	控保	清光绪三十二年（1906）	七庄、沈家两村交界处
	76	延陵桥	控保	清同治十三年（1874）	桥南村罗头埭
	77	禾嘉桥	控保	清光绪五年（1879）	永平村东九曲里
	78	安民桥	控保	清光绪年间（1875—1908）	沈家村
	79	流芳桥（白字桥）	控保	民国十年（1921）	龙北村白士浜
	80	双龙桥（西桥）	控保	民国二十二年（1933）	龙北村龙泉嘴
	81	众安桥（西相交桥）	控保	民国三十一年（1942）	永平村相交桥村
	82	万善桥（卖柴桥）	控保	清	龙北、永平两村交界处
	83	郎家桥	控保	清	北旺村
	84	明月桥、清风桥	控保	清末	坛丘明月港，清风港
	85	北王桥	未定级	1925 年	前跃村北王
	86	大谢村太平桥	未定级	1940 年	大谢村
	87	东嶽庙桥	未定级	清末	前跃村下窑
	88	遞肥桥	未定级	民国	南塘村
	89	古洪里桥	未定级	民国	胜天村
	90	普济桥	未定级	清	南塘村西塔港村
	91	盛泽万安桥	未定级	清	兴桥村
	92	斜桥	未定级	清嘉庆五年(1800)	太平社区卜家弄北端
	93	纪长桥	未定级	清	圣塘村
	94	铁路桥洞	未定级	民国	盛虹村

七都镇	95	东庙桥	国保	宋	东庙桥村横沽塘
	96	洪恩桥	省保	明	望湖村染店浜
	97	广福桥	省保	明	隐读村胡溇港
	98	双塔桥	市保	清光绪二十七年（1901）	双塔桥村李家港
	99	祠山庙桥	控保	清嘉庆十九年（1814）	吴越村前浜兜
	100	广济桥	控保	清同治九年（1870）	长桥村长渠港
	101	北张桥	控保	清光绪二年（1876）	丰田村南浒港
	102	北迴桥	控保	清光绪十八年（1892）	群幸村鼓楼港
	103	博士桥	控保	清光绪二十九年（1903）	吴越村双荡兜
	104	古有存桥（有成桥、吴溇泾桥）	控保	民国六年（1917）	群幸村大善港
	105	永昌桥	控保	民国七年（1918）	吴越村双荡兜
	106	大善塘桥	控保	民国十五年（1926）	吴越村前浜兜
	107	喜雨桥	控保	民国十七年（1928）	东庙桥村许家港
	108	交界桥（交界新桥）	控保	民国三十七年（1948）	东庙桥村
	109	更浦桥	控保	民国	吴越村面长港
	110	倪家港利济桥	控保	清道光二十七年（1847）	陆港村倪家港
	111	甫里桥（陆港桥）	控保	清宣统三年（1911）	陆港村砝家港
	112	北盛桥	控保	清光绪年间（1875—1908）	盛庄村南盛港
	113	张公桥	控保	民国二十三年（1934）	盛庄村张家港
	114	白甫港利济桥	控保	民国二十九年（1940）	太浦闸村白甫港
	115	聚粮桥	控保	民国三十二年（1943）	联强村环粮港
	116	儒林塘桥	控保	民国三十五年（1946）	陆港村塘桥浜
	117	大有桥	未定级	民国	庙港村汤家扇港
	118	地理桥	未定级	清	丰田村丁家湾
	119	虹呈桥	未定级	清同治六年(1867)	长桥村虹呈港
	120	连腾桥	未定级	清光绪二十八年(1902)	望湖村连腾桥头
	121	七都高桥	未定级	清光绪三十年 (1904)	东风村高桥港
	122	七都青龙桥	未定级	清光绪二十六年(1900)	吴越村前浜兜
	123	七都太平桥	未定级	清末	陆港村双板港
	124	胜利桥	未定级	1949 年	庙港村老太庙港
	125	吴溇广福桥	未定级	清	吴溇村丁家港
	126	西庵桥	未定级	清同治十一年 (1872)	望湖村叶港
	127	兴隆桥	未定级	清道光十六年 (1836)	陆港村五家亭
	128	永隆桥	未定级	民国	联强村鸦雀港
桃源镇	129	福事桥	市保	1924 年	青云村 28 组
	130	大通塘桥	市保	1930 年	前窑村
	131	九里桥	市保	清	九里桥村
	132	桃源富乡桥	市保	清	富乡村
	133	白溪御龙桥	市保	民国	青云天亮浜

桃源镇	134	胡店太平桥	控保	清道光十年（1830）	贤胡村
	135	永丰桥（南桥）	控保	清咸丰九年（1859）	富乡村
	136	大德桥	控保	清光绪十二年（1886）	富乡村蒿草路港
	137	永宁塘桥	控保	清光绪二十六年（1900）	铜罗社区富乡村
	138	慈南桥	控保	清末	开阳村南扇浜
	139	云龙桥	控保	民国二十二年（1933）	仙南村石桥头
	140	安富桥	控保	清光绪二十五年（1899）	陶墩村
	141	泰章桥	控保	民国四年（1915）	荒天池
	142	广利洪桥（广利虹桥）	控保	民国三十七年（1948）	梵香村
	143	大善桥	控保	清光绪二十一年（1895）	宅里桥村阳桥港
	144	青龙桥（北阳和桥）	控保	民国七年（1918）	宅里桥村
	145	问津桥	控保	民国九年（1920）	水家港村桃花源公园内
	146	桃花桥	控保	民国十八年（1929）	前窑村桃花桥港
	147	开阳桥	控保	清	开阳村
	148	迎春桥	控保	民国	铜罗人民街
	149	民立桥	控保	民国	戴家浜村
	150	千佛里桥	控保	民国	富乡村
	151	赐福桥	未定级	民国	严东村北小坊
	152	凳桥	未定级	民国	铜罗贤胡村
	153	唐彭桥	未定级	1941 年	新桥村唐彭桥港
	154	亭子桥	未定级	清咸丰四年(1854)	前窑村冯家浜
震泽镇	155	香花桥	省保	宋	龙降桥村十都里
	156	禹迹桥	市保	清乾隆四十九年（1784）	宝塔街东
	157	思范桥	市保	清同治五年（1866）	太平街西栅
	158	虹桥	市保	1936 年	砥定社区虹桥弄西
	159	万福桥	市保	清	龙降桥村
	160	政安桥	市保	清	砥定社区鲤鱼浜东
	161	仰嘉桥	控保	清光绪六年（1880）	龙降桥村史家浜
	162	长春塘桥（少年桥）	控保	清宣统三年（1911）	贯桥村贯桥头
	163	协茂桥	控保	清	龙降桥村
	164	旺港桥	控保	民国七年（1918）	夏家斗村横港头
	165	花木桥（南花木桥）	控保	民国十三年（1924）	花木桥村
	166	北花木桥	控保	民国十七年（1928）	花木桥村姚家里
	167	梅家桥	控保	清光绪二十六年（1900）	兴华村施家湾
	168	大柏桥	控保	1919 年	花木桥村大龙浜
	169	保祐桥	未定级	清	曹村村寺浜里
	170	长生桥	未定级	民国丙戌年（1946）	贯桥村汤家扇
	171	戴公桥	未定级	清嘉庆二十四年（1819）	新乐村小圩里

震泽镇	172	当桥	未定级	清光绪三十三年（1907）	龙降桥村十都里
	173	洪福桥	未定级	清宣统元年（1909）	龙降桥村郎家港
	174	怀后桥	未定级	清光绪三十一年（1905）	大船港村姚家扇
	175	三扇安庆桥	未定级	清道光年间（1821—1850）	三扇村小港
	176	尚寿桥	未定级	清	新乐村杨家湾
	177	王家桥	未定级	清光绪二十五年（1899）	贯桥村北长村
	178	震泽高桥	未定级	清代嘉庆二十四年（1820）	勤幸村高桥头
	179	震泽泰安桥	未定级	清嘉庆二十四年（1819）	砥定街城隍庙弄底文武坊西端
	180	震泽万寿桥（潘祥桥）	未定级	清	花木桥村庄家湾
平望镇	181	刘猛将军庙和东林桥	市保	清	溪港村集镇东岸
	182	大庆桥（溪桥）	控保	民国十一年（1922）	溪港村 22 组
	183	通政桥（庙桥）	控保	清光绪三十三年（1907）	梅堰龙南村 20 组
	184	太平桥	控保	民国六年（1917）	梅堰平安村 7、8 组
	185	盃湖桥	未定级	1935 年	梅堰庙头村 28 组
	186	宝龙桥	未定级	民国	梅堰秋泽村 1 组
	187	积福桥	未定级	1920 年	梅堰庙头村 13 组
	188	集福桥	未定级	清乾隆三十七年（1772）	胜墩村五、六组
	189	平望万安桥	未定级	清乾隆年间（1736—1795）	河西社区联丰六组
	190	平望兴隆桥	未定级	清光绪五年（1879）	梅堰三官桥村 25 组
	191	三聚桥	未定级	清光绪二年（1876）	溪港村东浜 8 组

后 记

吴江，太湖东岸的一颗明珠。境内河港交织，湖荡密布，闻名于世的京杭大运河和烂溪纵穿南北，连接太湖、黄浦江的太浦河和頔塘横贯东西，分湖、同里湖、莺脰湖、元荡、三白荡、麻漾、长漾等数百个湖泊如星星点缀于沃野上、城乡间。吴江全区水域面积 300 余平方公里，占总面积的四分之一，实属为一个名副其实的水乡泽国。

“水多桥也多”，清乾隆年间，吴江各地有“桥梁数千”，至今吴江境内仍有 200 余座拱形、梁式古石桥。其中全国重点文物保护单位的古桥有 3 座，全国重点文物保护单位大运河（吴江段）文物遗存的古桥有 3 座，江苏省文物保护单位的古桥有 4 座，苏州市文物保护单位的古桥有 30 处，计 45 座，苏州市控制保护建筑的古桥有 96 处，计 97 座，未定级的不可移动文物古桥有 57 处。这些古桥梁约占吴江文物单位总数的五分之二，这一比例在苏州各市（区、县）中都是罕见的。

吴江的古桥积淀了深厚的文化内涵，构筑了浓郁的水乡风情，向世人展示着许多特色。同时，吴江的古桥具有历史、建筑、艺术等方面的诸多价值。鉴此，我们多年来注重致力于吴江古桥资料的搜集、整理和研究，经“积水成潭”“聚沙成塔”，著成了这一本《舟过鲈乡 桥见江南——吴江古桥探幽》。

承蒙上海同济大学建筑与城市规划学院教授周俭先生为本书作序，承蒙苏州市吴江区委宣传部将本书列为 2022 年度宣传文化专项资金项目予以特别支持，承蒙中国书法家协会会员、苏州市吴江区人民政府副区长孙俊良先生为书名题签，承蒙汝悦来先生提供部分书画研究的文字，承蒙潘福官、钮泉娜、汝迪昌、吴国良、周德华、潘国平、刘建华、樊秋华、王福明、沈幼海、杨敬伟、谭首盛、吴胜、陆文龙、周君君、王慧君、徐欣晔、殷秀虹等先生、女士提供部分照片，在此，深表谢意！

由于我们水平有限，书中定有不少错谬和不足之处，敬请大家批评指正。

作者 于壬寅金秋